Agile Methoden für Projekte praktisch anwenden

AF173045

Christina Lehmann

Agile Methoden für Projekte praktisch anwenden

Den Einsatz von Scrum-Framework und agilen Tools im Workshop erleben

Christina Lehmann
Dormagen, Deutschland

ISBN 978-3-662-70356-4   ISBN 978-3-662-70357-1 (eBook)
https://doi.org/10.1007/978-3-662-70357-1

Die Deutsche Nationalbibliothek verzeichnet diese Publikation in der Deutschen Nationalbibliografie; detaillierte bibliografische Daten sind im Internet über https://portal.dnb.de abrufbar.

© Der/die Herausgeber bzw. der/die Autor(en), exklusiv lizenziert an Springer-Verlag GmbH, DE, ein Teil von Springer Nature 2025

Das Werk einschließlich aller seiner Teile ist urheberrechtlich geschützt. Jede Verwertung, die nicht ausdrücklich vom Urheberrechtsgesetz zugelassen ist, bedarf der vorherigen Zustimmung des Verlags. Das gilt insbesondere für Vervielfältigungen, Bearbeitungen, Übersetzungen, Mikroverfilmungen und die Einspeicherung und Verarbeitung in elektronischen Systemen.
Die Wiedergabe von allgemein beschreibenden Bezeichnungen, Marken, Unternehmensnamen etc. in diesem Werk bedeutet nicht, dass diese frei durch jede Person benutzt werden dürfen. Die Berechtigung zur Benutzung unterliegt, auch ohne gesonderten Hinweis hierzu, den Regeln des Markenrechts. Die Rechte des/der jeweiligen Zeicheninhaber*in sind zu beachten.
Der Verlag, die Autor*innen und die Herausgeber*innen gehen davon aus, dass die Angaben und Informationen in diesem Werk zum Zeitpunkt der Veröffentlichung vollständig und korrekt sind. Weder der Verlag noch die Autor*innen oder die Herausgeber*innen übernehmen, ausdrücklich oder implizit, Gewähr für den Inhalt des Werkes, etwaige Fehler oder Äußerungen. Der Verlag bleibt im Hinblick auf geografische Zuordnungen und Gebietsbezeichnungen in veröffentlichten Karten und Institutionsadressen neutral.

Springer Gabler ist ein Imprint der eingetragenen Gesellschaft Springer-Verlag GmbH, DE und ist ein Teil von Springer Nature.
Die Anschrift der Gesellschaft ist: Heidelberger Platz 3, 14197 Berlin, Germany

Wenn Sie dieses Produkt entsorgen, geben Sie das Papier bitte zum Recycling.

Für Jakob und Andreas

Vorwort

Agilität ist der Schlüssel zum Erfolg, wenn durch ein dynamisches Umfeld das eigene Handeln kontinuierlich und flexibel angepasst werden muss. Das gilt generell, aber ganz besonders für Projekte. Je unvorhersehbarer die Entwicklung der Rahmenbedingungen ist, desto schwieriger ist es, mit einem starren, methodischen Ansatz die Arbeit im Projekt zu steuern. Die Komplexität der Einflussfaktoren sorgt also dafür, dass das eigene Handeln nicht langfristig planbar ist. Die spannende Frage lautet dann: Wie können agile Vorgehensweisen erlernt und der Umgang mit entsprechenden Werkzeugen eingeübt werden? Klassische Lernkonzepte greifen hier zu kurz, denn auch das Lernen muss an die dynamischen Gegebenheiten angepasst werden.

Die Diskussion darüber, wie komplexe Sachverhalte am besten zu vermittelt sind, ist keineswegs neu. Erste Überlegungen zu lern- und bildungstheoretischen Modellen reichen bis in die erste Hälfte des letzten Jahrhunderts zurück (Lipsmeier, 2024). Dabei lag zunächst der Fokus auf der Entwicklung geeigneter Schulkonzepte, um Lehrpläne an der berufliche Praxis auszurichten. In den 1990er-Jahren veränderte sich der Blick auf das Lernen mit der Erkenntnis, dass Wissen nicht so ohne weiteres von Lehrenden auf Lernende übertragen werden kann. Der sogenannte

Konstruktivismus stellt deshalb den einzelnen Lernenden[1] in den Mittelpunkt, der in einem selbstgesteuerten, eigenverantwortlichen Lernprozess in der Interaktion mit seiner Umgebung sein ganz individuelles Wissen aufgrund eigener (Lern-)Erfahrungen konstruiert (Pfäffli, 2015, S. 24). Der Lernende muss also selbst aktiv werden, um zu lernen. In diesem Kontext versteht sich auch das mittlerweile verbreitete Selbstverständnis von Unternehmen, die eine entsprechende Lernkultur zu etablieren versuchen (Friebe, 2005, S. 9–13). Und auch der in diesem Buch beschriebene Workshop ist auf die Aktivierung eigenverantwortlicher, lernbegeisterter Teilnehmer ausgerichtet.

> **Es ist nicht genug zu wissen, man muss es auch anwenden; es ist nicht genug zu wollen, man muss es auch tun.[2]**

Mit der Wissensvermittlung alleine ist es also noch nicht getan. Die Schwierigkeit liegt beim Erwerb von Kompetenzen doch darin, das erlernte Faktenwissen auch in anwendbare Handlungen umzusetzen (Edelmann & Wittmann, 2019, S. 107–110).

Sich mit agilen Frameworks theoretisch auseinanderzusetzen, ist also ein erster, wichtiger Schritt. Es gibt dazu mittlerweile eine Vielzahl an Kursen und Weiterbildungsmöglichkeiten, um beispielsweise das Framework Scrum kennenzulernen und sich das darüber erworbene Wissen zertifizieren zu lassen. Die Wirkungsweise eines agilen Frameworks im Rahmen eines Workshops zu erleben und das Erlernte mit eigenen Erfahrungen anzureichern, trägt jedoch wesentlich dazu bei, das Wissen über die erlernten Methoden und Werkzeuge im konkreten Projektkontext lösungsorientiert anzuwenden. Und weil das natürlich nicht nur für lernwillige Mitarbeitende in Organisationen, sondern ebenso für Studierende an Hochschulen gilt, habe ich als Lehrende mit umfangreicher Projekterfahrung und Scrum

---

[1] Ausschließlich zum Zweck der besseren Lesbarkeit wird auf eine geschlechtsspezifische Schreibweise sowie auf eine Mehrfachbezeichnung verzichtet. Alle Personenbezeichnungen sollen dennoch als geschlechtsneutral angesehen werden.
[2] J. W. v. Goethe.

Master-Zertifikat einen solchen Workshop zum Framework Scrum konzipiert, durchgeführt und weiterentwickelt, um das theoretische Vorwissen mit der praktischen Anwendung zu verknüpfen. Dabei profitieren all diejenigen von diesem Workshop-Konzept, die mehr als nur reines Faktenwissen über Scrum erwerben wollen. Etwas selbst auszuprobieren, führt über das Wissen hinaus zu einer nachhaltigen Lernerfahrung und dem Aufbau entsprechender Kompetenzen. Das Erlernte prägt sich durch die Verknüpfung mit unmittelbarem Handeln besser ein. Durch die konkrete Anwendung wird klar, wie spezifische Werkzeuge, die ansonsten wohl ausschließlich abstrakte Begriffe bleiben würden, zur Lösung konkreter Probleme in Projekten eingesetzt werden können.

Die Entwicklung von Lernenden zu eigenverantwortlichen und selbstorganisierten Individuen, wie sie für die agile Projektarbeit unabdingbar sind, sowie die Gestaltung der notwendigen Lern- und Unternehmenskultur, kann ein derartiges Workshop-Format indes nicht leisten. Ein entsprechendes Mindset muss durch eine Vielzahl weiterer Maßnahmen in Organisationen langfristig entwickelt werden, wenn Projekte erfolgreich agil durchgeführt werden sollen. Ein erster Schritt in diese Richtung ist das Workshop-Format aber ganz sicher.

Für einen eintägigen Workshop im Kontext agiler Frameworks stellt vor allem die Konstruktion einer konkreten Praxisaufgaben eine Herausforderung dar. Das Zeitfenster ist bewusst kompakt gewählt, um eine Fokussierung der Lernerfahrung auf wesentliche Aspekte zu erreichen. Dennoch müssen die Aufgaben, die im Rahmen des Workshops zu bewerkstelligen sind, eine entsprechende Komplexität aufweisen, damit agiles Arbeiten überhaupt sinnvoll zum Einsatz kommen kann. Die nachfolgenden Ausführen sollen zeigen, dass eine fiktive Entwicklungsaufgabe sich auch im kleinen Maßstab konstruieren lässt und mit Hilfe von Lego® innerhalb kürzester Zeit eine kreative Umsetzung realisiert werden kann, die die Vorteile des Scrum Frameworks allen Workshop-Teilnehmern verdeutlicht und erlebbar macht. Dass Projektergebnisse unter volatilen Rahmenbedingungen anders entstehen als in plangetriebenen Projekten, deren Ergebnis im Vorfeld in der Regel vertraglich fixiert ist, wird in der Durchführung von drei iterativen Entwicklungszyklen sichtbar, an deren Ende ein überraschend detailreiches Ergebnis mit vielen Aha-Erlebnissen steht. Jedenfalls habe ich diese Erfahrung gemacht.

Die folgenden Ausführungen sind im Wesentlichen aus zwei Gründen entstanden. Zum einen hat mich der – zugegebenermaßen sehr eigennützige – Wunsch angetrieben, die recht umfangreiche konzeptionelle Vorarbeit zu diesem Workshop sowie die gedankliche Weiterentwicklung des Formats auch künftig als Grundlage für meine weitere Arbeit nutzen zu können. Zum anderen hat mich der (weniger eigennützige) Gedanke geleitet, dass auch Andere eventuell einen solchen Ansatz zur Vorbereitung agiler Projekte in Unternehmen, im Rahmen betrieblicher Weiterbildung oder (wie ich) in der hochschulischen Lehre nutzen möchten. Mir gefällt die Idee, dass sich auf diese Weise solche Workshops und die daraus resultierende Lernerfahrung vielleicht multiplizieren lassen. Womöglich dient dieses Buch also als Inspiration für viele weitere Workshops oder kann zumindest als Vorlage dafür genutzt werden. Es lohnt sich schließlich, agiles Arbeiten zunächst einmal praktisch einzuüben und aus abstrakten Begriffen konkrete Handlungsoptionen abzuleiten, bevor das Erlernte in agilen Projekten sinnvoll genutzt zum Einsatz kommen kann.

Literatur

Edelmann, W., & Wittmann, S. (2019). *Lernpsychologie* (8. Aufl.). Beltz.
Friebe, J. (2005). *Merkmale unternehmensbezogener Lernkulturen und ihr Einfluss auf die Kompetenzen der Mitarbeiter.*
Lipsmeier, A. (2024). Berufliche Didaktiken in der ersten Hälfte des 20. Jahrhunderts. In G. Spöttl & M. Tärre (Hrsg.), *Didaktiken der beruflichen und akademischen Aus- und Weiterbildung – Rückblick, Bestandsaufnahme und Perspektiven* (S. 33–42). Springer Gabler.
Pfäffli, B. (2015). *Lehren an Hochschulen – Eine Hochschuldidaktik für den Aufbau von Wissen und Kompetenzen* (2. Aufl.). Haupt Verlag.

Dormagen, Deutschland Christina Lehmann
September 2024

Danksagung

Dieses Buch verwirklichen zu können, ist für mich etwas ganz Besonderes. Die Idee dazu ist schon vor längerer Zeit entstanden, die Umsetzung hat dann etwas länger gedauert. Und ohne Unterstützung wäre es überhaupt nicht möglich gewesen.

Deshalb möchte ich vor allem meinem Sohn und meinem Mann für ihre Geduld und ihr Verständnis danken. Vor allem dafür, dass sie mir den Rücken freigehalten und mir Zeit und Ruhe verschafft haben, stunden- und tagelang zu schreiben, an Formulierungen zu feilen und dieses Projekt in die Tat umzusetzen.

Ein großes Dankeschön geht an meinen geschätzten Kollegen Prof. Dr. Andreas Diedrich. Danke, dass Sie Ihre Zeit investiert haben, mich von Ihrem Erfahrungsschatz haben profitieren lassen und mich damit bei der Entstehung dieses Buchs unterstützt haben. Ihr wertvolles Feedback, Ihre bereichernden Anmerkungen und unsere anregenden, fachlichen Diskussionen waren Antrieb und Ansporn für mich. Danke, dass Sie mich von Zeit zu Zeit daran erinnert haben, dass Lean Thinking und Iteration einen Mehrwert schaffen.

Ebenso danke ich meinem geschätzten Kollegen Prof. Dr. Marcus Albrecht, dessen Anregungen mich inspiriert und mir zusätzliche Perspektiven eröffnet haben. Danke, dass Sie Ihre Erfahrungen mit mir geteilt und mich auf diese Weise bei meinem Buchprojekt unterstützt haben.

Darüber hinaus möchte ich mich bei beiden für die jahrelange, vertrauensvolle, konstruktive und wertschätzende Zusammenarbeit während meiner Zeit an der Hochschule Düsseldorf bedanken. Der Austausch mit Ihnen war und ist für mich in vielerlei Hinsicht eine unglaubliche Bereicherung.

Besonders wertvoll für meine Arbeit war schon immer der uneingeschränkte Zugang zu Fachliteratur. Mein Dank gilt daher auch dem hervorragenden Team der Hochschulbibliothek der HSD für die umfassende und kompetente Unterstützung. Besonders dankbar bin ich Stefanie Söhnitz, die mir während meiner Zeit an der Hochschule in so vielen Dingen mit Rat und Tat zur Seite stand. Sie hat mich bei der Erstellung dieses Buchs mit wertvollen Anregungen unterstützt, mir zahlreiche Hinweise gegeben und mich auf Fehler aufmerksam gemacht, die ich sonst nicht bemerkt hätte.

Meiner Lektorin Christine Sheppard vom Springer-Verlag danke ich für die gute und unkomplizierte Zusammenarbeit bei der Entstehung dieses Buchs von der Idee bis zur Verwirklichung. Bei Birgit Borstelmann bedanke ich mich für ihre Unterstützung und die vielen hilfreichen Kommentare bei der Gestaltung.

Aufbau und Zielgruppe dieses Buchs

Um einen Workshop vorzubereiten, braucht man eigentlich nicht viel. Wozu also dieses Buch lesen? Tatsächlich dürften viele, die sich für Scrum interessieren und andere für die Vorteile des Frameworks in der agilen Projektarbeit begeistern wollen, bereits irgendeine Veranstaltung zu diesem Thema besucht oder sogar selbst durchgeführt haben. Eine Präsentation anlässlich eines Teammeetings im eigenen Unternehmen, ein Kursangebot in Vorbereitung auf ein entsprechendes Zertifikat oder ein Seminar im Weiterbildungskontext vielleicht. Aber mit welcher Erkenntnis verlassen die Teilnehmer in der Regel diese Veranstaltungen? Was ist der Learning-Outcome? Womöglich sind ein paar Begriffe hängen geblieben, vielleicht klangen ein paar Tools ganz spannend, eventuell nimmt man sich vor, das nächste Projekt einmal auf die in der Veranstaltung dargestellte Weise in Angriff zu nehmen. Es dürfte wohl bei Faktenwissen über das Framework an sich bleiben, das die meisten aus diesen Veranstaltungen mitnehmen. Eher selten können sie erleben, wie in einem konkreten Anwendungskontext agil gearbeitet wird.

Für einen Workshop, wie den nachfolgend Beschriebenen, braucht es tatsächlich nicht viel. Einen, der sich um die Vorbereitung kümmert und den Workshop leitet, und einige mehr, die sich nicht nur Faktenwissen aneignen, sondern das Erlernte auch gleich praktisch anwenden wollen. Lernbegeisterte also, die einen Lernprozess initiieren möchten. Ziel dieser Lernreise ist es, aus Erfahrungswissen die Kompetenz zum eigenständigen Handeln entstehen zu lassen, die sich im nächsten Schritt auf die Anforderungen der eigenen praktischen projektbezogenen Arbeit übertragen lässt. Und dann braucht es noch ein Reihe von Vorüberlegungen, Workshop-Struktur, Ablaufplanung und natürlich Material zum Arbeiten. Hätte ich eine entsprechende Vorlage gehabt, eine gute Strukturempfehlung, einen konkreten Ablaufplan, dann wäre die Vorbereitung für den Workshop wirklich denkbar einfach gewesen. Eine Blaupause hatte ich aber leider nicht und so musste ich eine Menge Vorarbeit in die Workshop-Vorbereitung stecken, bevor die eigentliche Umsetzung stattfinden konnte. So soll dieses Buch nun an all jene gerichtet sein, die die Einführung agiler Arbeitsweisen im Unternehmen planen, die Mitarbeiter für das Framework Scrum begeistern möchten und erste Umsetzungserfolge erzielen wollen. Ihnen fällt dann die notwendige Vorbereitung sowie die strukturierte Umsetzung hoffentlich leichter. Ich bin sicher, sie treffen auf motivierte Lernbegeisterte, die gerne neue Pfade beim Lernen ausprobieren. Und gerne will ich auch diejenigen von der Sinnhaftigkeit eines solchen Workshops überzeugen, die sich mit der erfolgreichen Durchführung von Projekten befassen. Steht ein neues Projekt an, bleibt üblicherweise wenig Zeit, um die bisher eingeübten Prozessabläufe zu hinterfragen oder sich mit einer alternativen Arbeitsweise vertraut zu machen. Vielleicht kann hier das komprimierte Workshop-Format dazu beitragen, die Anwendbarkeit agiler Projektarbeit anhand einer konkreten Umsetzung zu erleben. Wer sich mit Scrum als Framework bereits beschäftigt hat, aber bisher noch keine praktischen Erfahrungen sammeln konnte, dem dient dieses Buch womöglich als Inspiration, um einmal andere Lernwege in diesem Kontext zu versuchen.

Der strukturelle Aufbau des Buchs orientiert sich dabei im Wesentlichen an der Chronologie der Workshop-Organisation. Kap. 1 stellt zunächst das relevanten Grundlagenwissen zusammen, das als Vorbereitung auf den Workshop von allen Beteiligten erwartet wird. Gibt es Teilnehmer, die sich noch gar nicht oder nur in Grundzügen mit agilen Frameworks auseinandersetzen konnten? Dann empfiehlt es sich, die grundlegenden Begriffe, Abgrenzungen und Erläuterungen allen potenziellen Teilnehmern als Lernunterlage im Vorfeld zur Verfügung zu stellen. So können sie sich mit den wichtigsten Aspekten zum Thema Projektarbeit im Allgemeinen und Besonderheiten in Kontext agiler Frameworks vertraut machen. Dabei liegt es in der Verantwortung desjenigen, der den Workshop durchführt, sich im Vorfeld über die Vorkenntnisse und Erfahrungen der Teilnehmer zu informieren und mögliche Einstellungs- und Wissensunterschiede in geeigneter Weise auszugleichen.

Kap. 2 befasst sich mit den unmittelbaren Vorbereitungen, die zur Durchführung des Anwendungsworkshops meiner Ansicht nach notwendig und maßgeblich für eine wertvolle Lernerfahrung der Teilnehmer sind. Neben einigen Vorüberlegungen zur konkreten Zielsetzung, werden unter anderem Werkzeuge und Methoden vorgestellt, deren reibungsloser Einsatz in der Workshopdurchführung eine gute Vorbereitung benötigen. Welches Material eignet sich und was hat sich bereits bewährt? Tipps zur Beschaffung geeigneter Workshop-Materialien finden Sie in diesem zweiten Teil des Buchs ebenso, wie einige grundsätzliche Anforderungen an einen geeigneten Raum.

In Kap. 3 steht die Durchführung des Workshops und seine konkrete Ablaufstruktur im Vordergrund. Wenn in diesem kompakten Workshop-Format der Lernprozess für agiles Arbeiten in Gang gesetzt und ein entsprechender Lernerfolg erzielt werden soll, ist ein anspruchsvoller Zeitplan einzuhalten. Der Tool- und Methodeneinsatz zur Bearbeitung der konkreten Projektaufgabe wird deshalb Schritt für Schritt anhand eines detaillierten, zeitlichen Ablaufs erläutert. Die wesentlichen Lernziele jeder Etappe werden kurz zusammengefasst, damit der Lernpfad am Ende auch zur Entstehung der gewünschten Handlungskompetenz führen kann. Um entsprechende Inspirationen für eigene Workshops zu liefern, zeigen konkrete Umsetzungsbeispiele, welche Tools zur Visualisierung zielführend zum Einsatz kommen können, wie sie sich Schritt für Schritt im Rahmen des Workshops entwickeln und wie die Umsetzung der Projektaufgabe nach und nach konkrete Form annimmt.

Allen, die danach einen eigenen Workshop initiieren, vorbereiten und durchführen, wünsche ich gutes Gelingen und all denjenigen, die an einem solchen Workshop teilnehmen, eine spannende Lernreise!

Inhaltsverzeichnis

1 **Einstieg in die konzeptionellen Grundlagen**   1
  1.1 Einführung   2
  1.2 Organisation von Prozessabläufen in Projekten   4
    1.2.1 Sequenzielle Vorgehensweise   4
    1.2.2 Iterative Vorgehensweise   7
    1.2.3 Inkrementelle Vorgehensweise   10
  1.3 Plangetriebene vs. Wertgetriebene Projektarbeit   14
    1.3.1 Plangetriebener Ansatz   16
    1.3.2 Wertgetriebener Ansatz   19
  1.4 Umsetzungsentscheidung: Wer trägt die Ergebnisverantwortung?   21
  1.5 Grundbegriffe agiler Frameworks   24
  1.6 Scrum – ein agiles Framework   29
    1.6.1 Drei Grundgedanken als Basis   30
    1.6.2 Scrum-Werte als Kompass   32
    1.6.3 Die tragenden Säulen   36
    1.6.4 Drei Rollen im Scrum Team   39
    1.6.5 Der iterative Prozess in Scrum: Artefakte und Events im Einsatz   41
  1.7 Ist ein hybrider Ansatz denkbar?   44
  Literatur   45

2	**Vorbereitungen für den Workshop**		**49**
2.1	Überlegungen im Vorfeld		50
	2.1.1	Zielsetzung des Workshops	51
	2.1.2	Rahmenbedingungen für die Durchführung	53
	2.1.3	Kompetenz erwerben vs. Teilnahme bescheinigen	57
	2.1.4	Der Einsatz von Lego® Serious Play® im Workshop	58
2.2	Material auswählen und beschaffen		60
2.3	Die Aufgabenbearbeitung vorbereiten		62
	2.3.1	Die Vision entwickeln	64
	2.3.2	Variante 1: Das Product Backlog vorbereiten	66
	2.3.3	Variant 2: Vorbereitungen für einen Product Backlog-Zusatzworkshop (optional)	72
	2.3.4	Das Sprint Planning vorbereiten	76
	2.3.5	Die Dokumentation des Arbeitsfortschritts im Sprint vorbereiten	80
	2.3.6	Zusätzliche Hilfsmittel zur Visualisierung	82
2.4	Vorbereiten der Räumlichkeiten		87
Literatur			88
3	**Ablauf und Durchführung des Scrum-Workshops**		**91**
3.1	Ablaufstruktur für den Workshop im Überblick		92
3.2	Schritt für Schritt durch den Workshop		94
	3.2.1	Schritt 1: Konzeptionelle Grundlagen wiederholen	94
	3.2.2	Schritt 2: Das Scrum Team im Workshop	96
	3.2.3	Schritt 3: Das Product Backlog – ein gemeinsames Verständnis entwickeln	98
	3.2.4	Schritt 4: Schätzung mit Story Points im Rahmen des Sprint Plannings	99
	3.2.5	Schritt 5: Vorbereiten des Sprints	101
	3.2.6	Schritt 6: Sprint	102
	3.2.7	Schritt 7: Sprint Review	102
	3.2.8	Schritt 8: Sprint Retrospektive	103
	3.2.9	Workshop-Reflexion	104

3.3	Optional: Workshop-Sequenz zur Product Backlog-Erstellung	105
	3.3.1 Schritt 1: User Journey	106
	3.3.2 Schritt 2: Release-Planung	107
3.4	Ein paar Anmerkungen zum Schluss	108
Literatur		109

Stichwortverzeichnis 111

Über die Autorin

Christina Lehmann verfügt über insgesamt mehr als 25 Jahre Projekterfahrung. Nachdem sie zehn Jahre in der Beratung der SAP Deutschland GmbH & Co. KG in IT-Projekten zur Implementierung von Standardsoftware tätig war, lehrte sie insgesamt fünfzehn Jahre an der Hochschule Düsseldorf im Fachbereich Wirtschaftswissenschaften. Im Rahmen ihrer Lehrtätigkeit in den Bereichen Wirtschaftsinformatik und Projektmanagement beschäftigte sie sich intensiv mit den Themenfeldern Digitale Transformation, Künstliche Intelligenz, Geschäftsprozessmodellierung, Organizational Change Management, relationale Datenbanken, ERP-Systeme und agile Frameworks. Sie war Mitglied zahlreicher Gremien und Arbeitsgruppen und maßgeblich an der Konzeption und Implementierung des hochschulweiten Lernmanagementsystems beteiligt. Unter anderem hat sie gemeinsam mit ihrem Kollegen Prof. Dr. A. Diedrich und namhaften Gastrednern den Themennachmittag „New Work – Next Learning" gestaltet (zum Tagungsband: https://doi.org/10.20385/opus4-4010). Seit 2024 unterstützt sie Unternehmen bei der Digitalen Transformation als Beraterin im Business Transformation Service der SAP Deutschland SE & Co.KG. (https://www.linkedin.com/in/christina-lehmann-82a950208/) **Agile Methoden für Projekte praktisch anwenden**

Den Einsatz von Scrum-Framework und agilen Tools im Workshop erleben.

Abbildungsverzeichnis

Abb. 1.1	Sequenzielle Vorgehensweise. (Eigene Darstellung)	5
Abb. 1.2	Iterative Annäherung. (Eigene Darstellung in Anlehnung an Ludewig & Lichter, 2023, Abb. 9–8, S. 181)	9
Abb. 1.3	Inkrementelle Vorgehensweise. (Eigene Darstellung)	11
Abb. 1.4	Festgeschriebener Leistungsumfang in plangetriebenen Projekten. (Eigene Darstellung)	18
Abb. 1.5	Abgeleiteter Leistungsumfang in wertgetriebenen Projekten. (Eigene Darstellung)	20
Abb. 1.6	Auswahl eines geeigneten Projektansatzes – ein Überblick. (Eigene Darstellung)	23
Abb. 1.7	Eisbergmodell der Agilität. (Eigene Darstellung in Anlehnung an Kaune, 2010, S. 31)	28
Abb. 1.8	Scrum – Iterativer Prozess zur inkrementellen Wertschöpfung. (Eigene Darstellung basierend auf dem Scrum-Guide, Schwaber & Sutherland, 2020)	30
Abb. 1.9	Tragende Säulen im Scrum-Framework. (Eigene Darstellung)	36
Abb. 2.1	Exemplarische Baustein-Auswahl mit Sortierung	61
Abb. 2.2	Auswahl an Workshop-Material	62
Abb. 2.3	Exemplarische Story Cards. (Eigene Darstellung)	70
Abb. 2.4	Beispielhaft vorbereitetes Product Backlog. (Eigene Darstellung)	71
Abb. 2.5	Beispielhaft vorbereitetes Board für eine User Journey. (Eigene Darstellung)	74

Abb. 2.6 Exemplarisches Arbeitsboard für die Release-Planung. (Eigene Darstellung)	75
Abb. 2.7 Fibonacci-Folge als Grundlage der Komplexitätsschätzung. (Eigene Darstellung)	77
Abb. 2.8 Beispielhaftes Story Point-Board. (Eigene Darstellung)	78
Abb. 2.9 Exemplarisch: Spielkarten für den Planning Poker. (Eigene Darstellung)	79
Abb. 2.10 Vorbereitetes Kanban Board. (Eigene Darstellung)	81
Abb. 2.11 Vorbereitete Plakate zum Scrum Framework. (Eigene Darstellung)	83
Abb. 2.12 Lücken füllen: vorbereitete Plakate zu den Rollen in Scrum. (Eigene Darstellung)	83
Abb. 2.13 Schrittweise entwickelte Plakate im Workshop-Raum	84
Abb. 2.14 Vorbereitete Leitfragen für die Reflexion. (Eigene Darstellung)	85
Abb. 2.15 Ergebnisse der Retrospektive visualisieren. (Eigene Darstellung)	86
Abb. 2.16 Exemplarische Notizkarten für einen strukturierten Workshop-Ablauf. (Eigene Darstellung)	86
Abb. 2.17 Beispiel für Workshop-Räumlichkeiten	88
Abb. 3.1 Ablaufprozess im Workshop. (Eigene Darstellung)	92
Abb. 3.2 Wiederholung der konzeptionellen Grundlagen anhand vorbereiteter Plakate. (Eigene Darstellung)	95
Abb. 3.3 Akzeptanzkriterien auf Story Cards. (Eigene Darstellung)	98
Abb. 3.4 Vom Story Point-Board zum verfeinerten Product Backlog. (Eigene Darstellung)	100
Abb. 3.5 Ablauf der optionalen Workshop-Sequenz. (Eigene Darstellung)	106

1
Einstieg in die konzeptionellen Grundlagen

Zusammenfassung In diesem Workshop soll Faktenwissen praktisch angewendet werden. Über grundlegende Begriffe sollte deshalb bereits im Vorfeld Einigkeit bestehen, um Missverständnissen vorzubeugen. Allerdings verfügen die Workshop-Teilnehmer erfahrungsgemäß über recht unterschiedliches Vorwissen. Um unter vergleichbaren Voraussetzungen in den Workshop zu starten, sollten daher die begrifflichen Grundlagen und konzeptionellen Ansätze allen Beteiligten frühzeitig zur Verfügung gestellt werden. So können sie sich mit den wichtigsten Fachbegriffen rund um das Thema Projektarbeit, den unterschiedlichen Vorgehensweisen in Projekten sowie dem Framework Scrum auseinandersetzen. In diesem Sinne werden nachfolgend die relevanten Begriffe erläutert und im Projektkontext eingeordnet. So sind auch diejenigen gut auf die Anforderungen des Workshops vorbereitet, die bisher noch keine oder nur wenig Erfahrungen in Projekten sammeln oder sich noch nicht ausreichend mit den Grundlagen befassen konnten.

1.1 Einführung

Ist von Projektarbeit die Rede, assoziieren verschiedene Beteiligte damit ganz unterschiedliche Begriffe. Eine klare begriffliche Abgrenzung sowie eine Differenzierung zwischen den konzeptionellen Ansätzen, Einsatzmöglichkeiten und Rahmenbedingungen findet häufig nicht statt und so entstehen Missverständnisse, die die Projektarbeit zusätzlich zur ohnehin herausfordernden Aufgabenstellung erschweren.

Auch der Lernerfolg des Anwendungsworkshops leidet im Hinblick auf die Anwendbarkeit in späteren Projekten, wenn die begrifflichen Grundlagen nicht zu Beginn entsprechend eingeführt, voneinander abgegrenzt und anschließend einheitlich im Rahmen der Workshop-Umsetzung verwendet werden. Erfolgt eine Differenzierung der unterschiedlichen Ansätze nicht, entsteht womöglich der Eindruck, agile Frameworks wie Scrum ließen sich beliebig auf alle Arten von Projekten anwenden und führten zwangsläufig zum Projekterfolg. Schließlich erfreuen sich gerade agile Ansätze derzeit großer Beliebtheit.

> » Agiles Arbeiten in Projekten ist bei Unternehmen durchaus en vogue und scheint allzu oft die universelle Antwort auf die unterschiedlichsten Probleme in projektierten Vorhaben zu sein.

Um Projekte erfolgreich umzusetzen, sollte aber zunächst genauer betrachtet werden, um welche Art von Projektarbeit es sich eigentlich handelt. In Abhängigkeit davon lässt sich dann ein zielführender Ansatz auswählen. Wann ein agiles Framework wie Scrum sinnvoll eingesetzt werden kann, lässt sich erst erkennen, wenn das Projektvorhaben auf seine Eigenschaften hin analysiert und entsprechend kategorisiert wurde. Im Wesentlichen lässt sich der geeignete Projektansatz anhand von drei Unterscheidungsmerkmalen herausfinden. Die Fragen, die zunächst beantwortet werden müssen, lauten:

1 Einstieg in die konzeptionellen Grundlagen

- Wie lassen sich die Abläufe in der Projektarbeit organisieren?
- Ist der Leistungsgegenstand vertraglich vereinbart oder ist es unmöglich, ihn zu Beginn des Projekts konkret zu beschreiben?
- Wer trägt sinnvollerweise die Umsetzungsentscheidung und die Ergebnisverantwortung?

Erst wenn die Antworten auf diese Einordnungsfragen gefunden sind, lässt sich daraus ableiten, ob ein agiles Framework wie Scrum eine erfolgversprechende Herangehensweise für die Projektarbeit darstellt. Gerade bei der Durchführung eines Workshops mit überwiegend unerfahrenen Mitarbeitern oder solchen, die bisher noch nicht ausreichende Erfahrungen in Projekten sammeln konnten, sowie im Rahmen von Lehrveranstaltungen an Hochschulen, mangelt es häufig an einem entsprechenden Grundverständnis und einem sicheren Umgang mit entsprechenden Begrifflichkeiten im Projektkontext. Sehr schnell wird dann eventuell ein Ansatz gewählt, der gerade in aller Munde ist, auch wenn er sich für die konkrete Aufgabenstellung eigentlich nicht eignet. Gerade deshalb lohnt es sich, die genannten Einordnungskriterien für die unterschiedlichen Projektansätze im Vorfeld genauer zu beleuchten. So können die Workshop-Teilnehmer von Anfang an beurteilen, ob sich Scrum überhaupt für die Bearbeitung aktueller oder geplanter Projektvorhaben eignet.

Nachfolgend werden deshalb – zunächst ohne Bezug zu konkreten Projektansätzen – unterschiedliche Formen der Gestaltung von Prozessabläufen in Projekten dargestellt und gegeneinander abgegrenzt sowie bekannte Modelle dieser Ablaufgestaltung als Beispiele genannt. Danach folgt in Abschn. 1.3 eine genauere Betrachtung des Leistungsgegenstands, der als Ergebnis der Projektarbeit erstellt werden soll, um Rückschlüsse hinsichtlich der geltenden Rahmenbedingungen für das jeweilige Projekt ziehen zu können. Daraus lässt sich ableiten, welche Bedingung als Treiber fungiert und welcher Projektansatz deshalb sinnvollerweise genutzt werden sollte. In Abschn. 1.4 wird anschließend dargestellt, wer im Projekt die Ergebnisverantwortung trägt und deshalb entsprechende Entscheidungsgewalt in Bezug auf die Methoden- und Werkzeugwahl sowie hinsichtlich der Umsetzung hat, damit die Projektarbeit erfolgreich durchgeführt werden kann. Die Vielschichtigkeit dieser Betrachtungen wird abschließend kurz zusammengefasst. Erst danach erfolgt ein Überblick zu den grundlegenden Begriffen agiler Frameworks im Allgemeinen und eine Einführung in die spezifische Scrum-Terminologie sowie eine kurze Einordnung hybrider Ansätze.

1.2 Organisation von Prozessabläufen in Projekten

Die Umsetzung eines Projekts gehört aufgrund der Einmaligkeit und der Komplexität der Aufgabe, den limitierten Ressourcen sowie des Zeitdrucks, unter dem gearbeitet wird (Aichele, 2006, S. 30), zu den besonderen Herausforderungen in der beruflichen Praxis. Auf eine detaillierte Definition von Projekten wird an dieser Stelle bewusst verzichtet und auf die entsprechende DIN 69901 sowie auf die umfangreiche Literatur (exemplarisch: Meyer & Reher, 2020) verwiesen.

Stattdessen sollen die unterschiedlichen Vorgehensweisen genauer betrachtet werden, mit deren Hilfe der Bearbeitungsprozess im Hinblick auf das gesetzte Projektziel bestmöglich erreicht werden kann. Dabei eignen sich diese Vorgehensweisen für die Bearbeitung verschiedenartiger Projekte in unterschiedlicher Weise. Grundsätzlich lassen sich eine sequenzielle, eine iterative sowie eine inkrementelle Vorgehensweise unterscheiden (Hansen et al., 2019, S. 368–369), die nachfolgend einzeln dargestellt und hinsichtlich ihrer Besonderheiten und Eignung bewertet werden. Wer bereits umfassende Projekterfahrung besitzt, ist mit den folgenden begrifflichen Abgrenzungen bestens vertraut und kann daher mit Abschn. 1.3 fortfahren.

1.2.1 Sequenzielle Vorgehensweise

> **Definition**
> Wenn Projektaufgaben klar abgrenzbar sind und in einer vordefinierten Abfolge bearbeitet werden, spricht man von einer sequenziellen Vorgehensweise. Dabei kann eine Folgeaufgabe erst begonnen werden, wenn die jeweilige Vorgängeraufgabe fertiggestellt wurde.

Bei dieser Vorgehensweise ist die Nachbearbeitung einmal abgeschlossener Aufgaben grundsätzlich nicht vorgesehen.

> **Beispiel: IT-Projekt**
>
> Lassen sich beispielsweise in einem IT-Projekt die Phasen „Konzeption", „Realisierung", „Test" und „Abnahme" unterscheiden, würde eine sequenzielle Bearbeitung bedeuten, dass die Konzeption vollständig abgeschlossen sein muss, bevor mit der Umsetzung im Rahmen der Implementierung begonnen werden kann. Die Testphase würde sich erst dann anschließen, wenn alle Aktivitäten, die für eine Implementierung notwendig sind, vollständig abgearbeitet wurden. Ist die Testphase abgeschlossen, schließt sich die Abnahme an.

Es mag auf den ersten Blick vorteilhaft sein, wenn zunächst alle Anforderungen im Rahmen einer Konzeptionsphase zusammengetragen werden, bevor mit der Umsetzung begonnen wird. Auf diese Weise lässt sich der zeitliche Koordinationsaufwand zwischen unterschiedlichen Projektabschnitten minimieren. Da bei einer sequenziellen Vorgehensweise jedoch die Rückkehr zur Bearbeitung von Vorgängern de facto ausgeschlossen ist, können Anforderungen, die sich erst im Kontext einer Implementierung ergeben, konzeptionell nicht mehr eingearbeitet werden und finden somit in der Realisierungsphase keine Berücksichtigung Abb. 1.1 stellt vereinfacht einen solchen Ablauf dar.

Exemplarisch: Modell zur Vorgehensweise
Eine rein sequenzielle Vorgehensweise kommt im Rahmen des sogenannten Wasserfallmodells zum Einsatz (Schwarzer & Krcmar, 2014, S. 143–147). Die Bezeichnung leitet sich dabei aus dem kaskadenartigen Verlauf des Wasserfalls ab, bei dem ein Rücksprung in vorgelagerte Schritte ausgeschlossen ist. Durch die Zerlegung des Gesamtvorhabens in klar abgegrenzte Teilaufgaben reduziert sich die Komplexität des Projekts

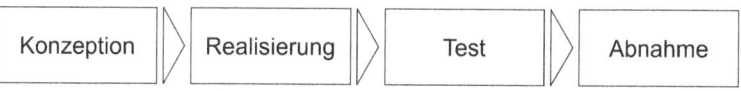

Abb. 1.1 Sequenzielle Vorgehensweise. (Eigene Darstellung)

und die Steuerungs- und Kontrollmöglichkeiten des Projektverantwortlichen werden erhöht. Allerdings geht durch die Einteilung in streng voneinander getrennte Aufgabenbereiche die Flexibilität weitestgehend verloren, da neuere Entwicklungen im Projektverlauf keine Berücksichtigung mehr finden.

Einer der wesentlichen Kritikpunkte bei dieser Vorgehensweise liegt in der weitgehend autark organisierten Bearbeitung der einzelnen Projektphasen, die die Beurteilung von Zwischenergebnissen ausschließt. Wird beispielsweise bei der Einführung einer speziellen betrieblichen Software der Projektablauf in Form des Wasserfallmodells strukturiert, sind die Anforderungen an ein zu implementierendes Informationssystem direkt zu Beginn von fachlicher Seite zu definieren. Nach Abschluss dieser Konzeptphase werden die Arbeitsergebnisse an die IT-Abteilung bzw. einen entsprechenden IT-Dienstleister übergeben, um die systemtechnische Umsetzung dieser Anforderungen zu realisieren. Erst nach der vollständigen Implementierung und einer abgeschlossenen Testphase werden für die Fachabteilung die erarbeiteten Ergebnisse und die Konsequenzen aus den Formulierungen des Fachkonzepts erkennbar. Feedbackschleifen und eine engere Kollaboration im Rahmen der Umsetzungsphase sind aufgrund der rein sequenziellen Vorgehensweise nicht vorgesehen. Nicht nur in IT-Projekten führt diese autarke Organisation der unterschiedlichen Bearbeitungsabschnitte zu fehlender Transparenz und damit verbunden häufig zu Akzeptanzproblemen und Irritationen.

> **Beispiel: Projekt zur organisatorischen Veränderung**
>
> Wenn beispielsweise im Rahmen eines Change-Projekts zwar in einer ersten Projektphase die Mitarbeiter zu ablauforganisatorischen Änderungswünschen befragt, anschließend jedoch in den darauffolgenden Projektphasen nicht eingebunden und in einem letzten Schritt mit den beschlossenen und umgesetzten Änderungsmaßnahmen konfrontiert werden, ist die Wahrscheinlichkeit groß, dass die Mitarbeiter mit der Umsetzung unzufrieden sind. Ihnen fehlt dann jegliche Information darüber, wie es zu diesem Ergebnis gekommen ist.

Sind die Anforderungen in hohem Maße standardisierbar und ist eine Umsetzung in einem recht kurzen Zeitfenster absehbar, sodass eine Veränderung der Anforderungen im Zeitablauf ohnehin nicht zu erwarten ist, kann eine sequenzielle Vorgehensweise aufgrund der Vereinfachung in der Ablauforganisation des Projekts hilfreich sein.

> Je dynamischer das Umfeld des Projekts ist und je stärker aktuelle Entwicklungen die Projektarbeit beeinflussen können und sollen, desto ungeeigneter ist eine rein sequenzielle Umsetzung.

Für die breite Akzeptanz der Projektergebnisse bei komplexen Anforderungen ist eine gemeinsame und schrittweise Erarbeitung der Projektentwicklung also essenziell.

1.2.2 Iterative Vorgehensweise

> **Definition**
> Bei einer iterativen Vorgehensweise werden ausgehend von einer ersten vorläufigen Realisierung immer wieder Anpassungsphasen durchlaufen, bis schließlich die endgültige Ausbaustufe eines Vorhabens erreicht ist (Hansen et al., 2019, S. 368–374).

Die Umsetzung des Projekts erfolgt also schrittweise in aufeinanderfolgenden Zyklen, die eine enge Abstimmung zwischen allen Beteiligten zur Verbesserung des Projektergebnisses ermöglichen und die Nachvollziehbarkeit von Entscheidungen innerhalb des Projekts erhöhen. Allerdings erhöht sich durch diese Vorgehensweise auch der Koordinationsaufwand.

> **Beispiel: Softwareentwicklung**
> Ein Prototyp, der in einer ersten Entwicklungsstufe die wichtigsten Eigenschaften des Vorhabens aufweist, könnte im Projektfortschritt nach und nach verbessert und ausgebaut werden, bis er schließlich sämtliche Anforderungen des jeweiligen Auftraggebers erfüllt.

Am Ende jeder Iterationsschleife wird das erreichte Ergebnis durch den Auftraggeber abgenommen. Falls das Zwischenergebnis nicht den Erwartungen entspricht, können entsprechende Änderungswünsche geäußert werden. Die notwendigen Anpassungen sind dann Bestandteil der nächsten Iterationsschleife. Dabei werden bei jeder Überarbeitung sämtliche Bearbeitungsphasen (z. B. Konzeption, Realisierung, Test) durchlaufen. So steigt die Transparenz beim Auftraggeber, da Schritt für Schritt in aufeinander aufbauenden Entstehungszyklen das gesetzte Projektziel umgesetzt wird. Damit steigt auch die Akzeptanz.

> Mithilfe einer iterativen Vorgehensweise können Projektrisiken frühzeitig erkannt und somit auch zeitnah effektive Maßnahmen zur Risikovermeidung ergriffen werden.

Mit jeder Iterationsschleife wächst das Erfahrungswissen der Projektbeteiligten, was zu einer Verbesserung der Abläufe und der Projektergebnisse führt. Außerdem können rechtzeitig Anpassungen vorgenommen werden, sollten sich während der Projektbearbeitungszeit die Rahmenbedingungen ändern. Eine hierzu von Ludewig & Lichter (2023, S. 181) entwickelte Darstellung zeigt, wie im Sinne einer iterativen Annäherung ein sehr rudimentär ausgeprägtes erstes Ergebnis in einer zweiten Iterationsschleife durch eine Konkretisierung der Anforderungen überarbeitet wird und in einer dritten Ausbaustufe nach weiteren Anpassungen zum gewünschten Ergebnis führt (vgl. hierzu Abb. 1.2).

In Projekten, bei denen das zu realisierende Endprodukt bereits zu Beginn fest vereinbart werden kann, das Vorhaben jedoch mit wenig

1 Einstieg in die konzeptionellen Grundlagen

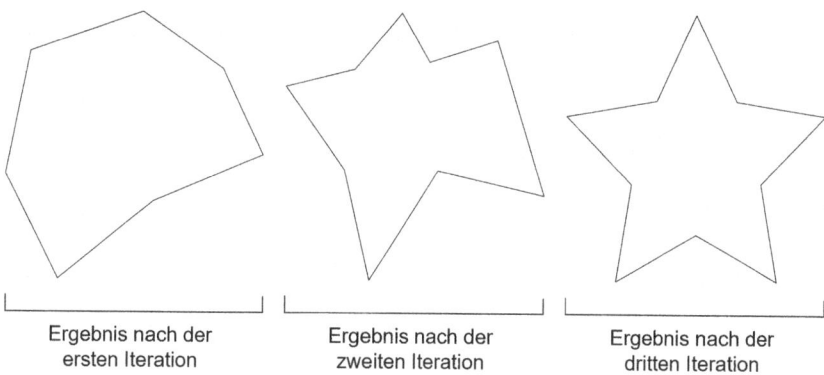

| Ergebnis nach der ersten Iteration | Ergebnis nach der zweiten Iteration | Ergebnis nach der dritten Iteration |

Abb. 1.2 Iterative Annäherung. (Eigene Darstellung in Anlehnung an Ludewig & Lichter, 2023, Abb. 9–8, S. 181)

Erfahrungswissen in Angriff genommen wird, ist eine iterative Vorgehensweise sinnvoll, da im ersten Wurf sicherlich noch nicht alle Anforderungen ausreichend formuliert werden können. Durch den ersten Entwurf einer Lösung werden jedoch Schwachstellen und Lücken sichtbar, die Anwendbarkeit kann überprüft und im zweiten Anlauf verbessert werden.

Exemplarisch: Modell zur Vorgehensweise
Als eines der bekanntesten Vorgehensmodelle mit iterativen Zyklen soll an dieser Stelle beispielhaft das Spiralmodell von Boehm (1988, S. 64) genannt werden, das bereits Ende der 1980er-Jahre im Kontext von Softwareentwicklung entstanden ist. Dabei wird zu Beginn jeder Wiederholungsschleife zunächst der inhaltliche Umfang festgelegt und die Alternativen sowie die geltenden Rahmenbedingungen identifiziert. Anschließend werden in einem zweiten Schritt die unterschiedlichen Alternativen gegeneinander abgewogen und potenzielle Risiken bewertet sowie gegebenenfalls Gegenmaßnahmen ergriffen bevor in Form eines Prototyps die Machbarkeit überprüft wird. Im jeweils dritten Schritt einer Iterationsschleife erfolgt die abgestimmte Umsetzung sowie die Dokumentation und Bewertung des jeweiligen Fortschritts. Danach schließt sich die Planung der jeweils nächsten Iterationsschleife an.

Grundsätzlich bietet eine solche Vorgehensweise viele Vorteile, nicht zuletzt, weil mit jedem Fortschritt auch eine enge Abstimmung zwischen allen Projektbeteiligten verbunden ist. Allerdings bedeutet ein iteratives Vorgehen auch ein zunehmend komplexeres Handling im Hinblick auf den Projektfortschritt, da die Zusammenarbeit zwischen Auftraggeber und Auftragnehmer eng verzahnt, Feedbackschleifen in kurzen Abständen eingerichtet und koordiniert sowie Zwischenergebnisse der einzelnen Iterationszyklen festgelegt und außerdem der erzielte Fortschritt gemessen und bewertet werden müssen.

1.2.3 Inkrementelle Vorgehensweise

Bei sehr komplexen Aufgabenstellungen oder wenn das zu erreichende Ziel beim Projektstart noch nicht klar definiert werden kann, ist es vielleicht hilfreich zunächst mit den Dingen zu beginnen, auf die man sich bereits zu Beginn des Projekts vollumfänglich einigen kann und diese dann in einem ersten Schritt zu realisieren. Auf diese Weise entsteht ein sogenanntes Inkrement.

> **Definition**
>
> Ein Inkrement ist ein funktionsfähiges Projektresultat, das mit seinen spezifischen Eigenschaften nach einer kurzen Entwicklungsdauer bereits vollständig genutzt werden kann. Durch Hinzufügen weiterer Inkremente erhöht sich der Funktionsumfang des Produkts bzw. der Nutzen für den Anwender (Hansen et al., 2019, S. 368).

Im Projektverlauf werden also Teilleistungen als eigenständige, abnahmefähige Bestandteile erstellt, wobei zur Erstellung jedes Inkrements alle Projektphasen (z. B. Konzeption, Realisierung, Test) durchlaufen werden. Die einzelnen Teilstücke werden nach und nach zusammengesetzt und ergeben am Projektende eine Gesamtheit.

> **Beispiel: Erstellung eines Selbstlernkurses für eine Lernplattform**
>
> Soll beispielsweise interaktiver Content für einen Selbstlernkurs zum Thema „Wirtschaftsinformatik" erstellt werden, kann das Gesamtvorhaben in voneinander abgrenzbare Themenblöcke zerlegt werden. Anschließend wer-

> den Stück für Stück und unabhängig voneinander (eventuell durch unterschiedliche und autark arbeitende Projektmitglieder) die Inhalte für die Content-Blöcke „Begriffliche Grundlagen", „Prozessmodellierung", „Datenbankmanagement", „Data Science" usw. erstellt und abschließend zu einem Gesamtkurs zusammengefügt.

Die besondere Herausforderung liegt dabei in der schrittweisen Integration aller Einzelteile (vgl. hierzu Abb. 1.3). Damit aus den vielen Teilstücken ein homogenes Ganzes wird, ist es deshalb sinnvoll, sich zu Beginn des Projekts auf gewisse Standards zu verständigen, damit ein nahtloses Zusammenfügen aller Einzelteile abschließend gelingen kann.

Eine inkrementelle Vorgehensweise erlaubt also eine modulare Entwicklung von Themen und reduziert dadurch den Komplexitätsgrad vor allem in solchen Projekten, bei denen zu Beginn noch keine abschließende Klarheit hinsichtlich des fertigen Leistungsgegenstands herrscht (Ludewig & Lichter, 2023, S. 183).

> » Solange noch Zeit und Geld übrig ist, lassen sich immer weitere Inkremente entwickeln und an die bisherige Ausbaustufe anfügen und somit die Funktionalität bzw. der Nutzen steigern.

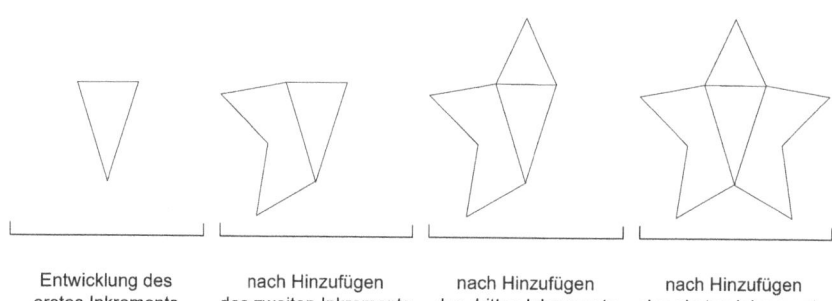

Abb. 1.3 Inkrementelle Vorgehensweise. (Eigene Darstellung)

Bei einer inkrementellen Vorgehensweise ist in besonderem Maße darauf zu achten, dass alle notwendigen Arbeiten inklusive aller Test und eventuell erforderlichen Dokumentationen im Rahmen der Erstellung eines Inkrements eingeplant werden müssen, damit sie bei Fertigstellung des Inkrements ebenfalls abgeschlossen sind.

Exemplarisch: Das V-Modell als hybride Vorgehensweise
Ein phasenweises Vorgehen, wie es in sequenziellen Modellen zum Einsatz kommt, zerlegt das Gesamtvorhaben in nacheinander ausführbare Schritte und reduziert dadurch die Komplexität. Da jede Sequenz abgeschlossen wird, bevor die nächste beginnt, sind Rückkopplungen mit vorangegangen Phasen ausgeschlossen. Iterative Vorgehensweisen überarbeiten einen Prototyp so lange, bis durch enge Kommunikation in Form von Feedbackschleifen und sich stetig wiederholende Entwicklungsphasen die vereinbarte, abnahmefähige Gesamtlösung entstanden ist. Inkrementell zu arbeiten, ermöglicht eine Zerlegung des Gesamtvorhabens in mehrere eigenständige und jeweils nutzbare Teilstücke, die Schritt für Schritt zusammengefügt werden können, um mit jeder Entwicklungsstufe einen höheren Nutzen zu stiften.

» **Um die Vorteile der dargestellten Vorgehensweisen miteinander zu kombinieren, haben sich im Laufe der Zeit sogenannte hybride Formen in der Projektarbeit entwickelt.**

Um im Gegensatz zum Wasserfallmodell im Projektverlauf eine Rückkopplung zwischen den einzelnen Phasen und dadurch Anpassungen einmal getroffener Entscheidungen zu ermöglichen sowie die Transparenz in Projekten zu erhöhen, empfahl Boehm (1983) bereits zu Beginn der 1980er-Jahre die kontinuierliche Validierung jeder Entwicklungsphase und eine iterative Vorgehensweise. 1992 wurde daraus das sogenannte V-Modell als Standard für die Entwicklung von Informationssystemen des Bundes vom Verteidigungsministerium zur Qualitätsverbesserung bei IT-Vorhaben entwickelt (Ludewig & Lichter, 2023,

S. 198–209). Dieses hybride Prozessmodell setzte sich schnell auch bei anderen Verwaltungsprojekten durch. Spätestens seit der Weiterentwicklung zu Beginn der 2000er-Jahre zum V-Modell XT kommt es zudem in privatwirtschaftlichen Unternehmen zumindest bei der Umsetzung von IT-Projekten zum Einsatz. Eine enge Kollaboration zwischen dem für die Systementwicklung zuständigen Dienstleister und dem Projektauftraggeber stehen dabei im Mittelpunkt. Ein Qualitäts- und Änderungsmanagement sollen dafür sorgen, dass Anpassungen bei Bedarf vorgenommen werden können und zu einer schrittweisen Verbesserung des Entwicklungsgegenstands beitragen.

Beispiel: Einführung eines Informationssystems

Die Phasen „Konzeption", „Realisierung" und „Test" bleiben, ähnlich wie im Wasserfallmodell, erhalten und werden grundsätzlich in einer definierten Abfolge abgearbeitet. Dabei erfolgt neben einer übergreifenden Systemkonzeption, die sich beispielsweise mit einem einheitlichen Datenbankmanagement befasst, die konzeptionelle Aufteilung in einzelne, zunächst voneinander unabhängig zu entwickelnde Teilkomponenten (Module), die als Inkremente verstanden werden können. Ergibt sich nach Abschluss der System- und Modul-Konzeptionsphasen im Rahmen der nachgelagerten Realisierung konzeptioneller Anpassungsbedarf, ist eine Rückkehr in diese vorgelagerten Phasen möglich. Durch die anschließend schrittweise durchgeführten Modul-, Integrations- und Systemtests anhand von entsprechenden Anwendungsszenarien, wird die Verifikation der unterschiedlichen Anforderungen zeitnah sichergestellt. Ergibt sich durch die verschiedenen Teststufen weiterer Anpassungsbedarf, können Ergebnisse vorangegangener Projektphasen überarbeitet werden.

Durch diese schrittweise Entwicklung, die auf verifizierten Ergebnissen des jeweils vorangegangen Prozessschritts basiert, hat das V-Modell die Vorteile einer iterativen Vorgehensweise aufgegriffen und mit der Phasenstruktur der rein sequenziellen Methodik des Wasserfallmodells kombiniert. Das Aufbrechen eines vollumfänglichen Liefergegenstands in einzelne, eigenständig funktionsfähige Module, die schrittweise getestet und anschließend zu einem Gesamtergebnis zusammengesetzt werden, entspricht einem inkrementellen Ansatz. Das V-Modell bietet gegenüber einer rein sequenziellen Vorgehensweise unter anderem den

Vorteil, dass bereits frühzeitig Teilabnahmen durch den Projektauftraggeber erfolgen können. Auf eine Vertiefung des V-Modells wird an dieser Stelle verzichtet und stattdessen auf Ludewig und Lichter (2023, S. 198–209) verwiesen.

> **Wichtig**
> - Eine sequenzielle Vorgehensweise reduziert den Koordinationsaufwand im Projekt, erlaubt allerdings keine Überarbeitung vorangegangener Projektphasen.
> - Eine iterative Vorgehensweise erstellt das Projektergebnis in mehreren Zyklen, wobei ein erstes vorläufiges Ergebnis so lange angepasst wird, bis alle Anforderungen erfüllt sind.
> - Bei einer inkrementellen Vorgehensweise wird im Projekt zunächst ein funktionsfähiges Teilstück erstellt. Nach und nach werden weitere Teile ergänzt, wodurch der Anwendernutzen steigt.
> - Die Vorgehensweisen können miteinander kombiniert werden.

Nachdem nun die wesentlichen Vorgehensweisen in Projekten dargestellt und anhand einiger etablierter Vorgehensmodelle veranschaulicht wurden, soll nachfolgend der wesentliche Unterschied zwischen einer plangetriebenen Arbeitsweise in Projekten und einem wertgetriebenen Ansatz erläutert werden, um zu verdeutlichen, dass der im Projekt zu realisierende Leistungsgegenstand das elementare Entscheidungskriterium für einen geeigneten Projektansatz darstellt.

1.3 Plangetriebene vs. Wertgetriebene Projektarbeit

Projekte liegen im Trend. Laut einer Studie der Deutschen Gesellschaft für Projektmanagement e. V. entfällt etwa ein Drittel der Arbeitszeit in deutschen Unternehmen auf Projekte (Deutsche Gesellschaft für Projektmanagement e.V., 2023). Dechange macht für diese sogenannte Projektifizierung in Unternehmen vor allem die Globalisierung, die Digitalisierung sowie kürzere Produktlebenszyklen und neue Arbeits- und Managementformen verantwortlich (Dechange, 2020, S. 3). Die erfolgreiche Umsetzung eines Projekts kann im Unternehmen ein Karrieresprungbrett sein, denn schließlich genießen Projekte durch ihren Innovationscharakter häufig eine besondere Aufmerksamkeit. Daneben bedeutet die Mitarbeit an einem Projekt durch die interdisziplinäre Zusammenarbeit und die Einmaligkeit des Vorhabens auch eine attraktive Abgrenzung zu Routinearbeiten im operativen Geschäft. Allerdings scheitern laut einer Befragung des Project Management Institute (PMI) aus dem Jahr 2021 weltweit nach wie vor 35 % aller Projekte (Project Management Institute, 2021, S. 5). Die Wahl eines geeigneten Ansatzes für die Projektdurchführung dürfte dabei eine wichtige Rolle spielen. Womöglich setzen Unternehmen derzeit allzu schnell auf ein agiles Framework in der Hoffnung, dass sich dadurch die bisherigen Probleme in der Projektarbeit automatisch beseitigen lassen. Warum beispielsweise Scrum nicht zwangsläufig zu einem größeren Projekterfolg führt, soll nachfolgend die Gegenüberstellung plangetriebener und wertgetriebener Projektarbeit zeigen.

Im Wesentlichen unterscheiden sich beide Ansätze durch die grundlegenden Rahmenbedingungen, die für jedes Projekt festgelegt werden und von Atkinson (1999, S. 337–338) in Form des sogenannten Magischen Dreiecks beschrieben wurden.

> **Das Magische Dreieck (The Iron Triangle)**
>
> Ein Projekt erfolgreich zu managen, ist untrennbar mit den Faktoren Kosten, Zeit und Qualität verbunden (Atkinson, 1999).

Die Kosten spiegeln im Magischen Dreieck den Ressourceneinsatz wider, der für die Durchführung eines zeitlich limitierten Projekts notwendig ist. Im Wesentlichen werden durch diesen Faktor also die Personal- und Materialkosten eines Projekts dargestellt. Der Faktor Qualität repräsentiert den Leistungsumfang bzw. die spezifischen Eigenschaften des Liefergegenstands, der im Rahmen des Projekts erstellt werden soll. Der Faktor Zeit findet sich vor allem in der Terminplanung wieder, die für das projektierte Vorhaben veranschlagt wird. Die drei Faktoren stehen in unmittelbarem Zusammenhang zueinander und definieren somit den

Handlungsspielraum für die Durchführung des Projekts. Verändert sich eines dieser Kriterien – steht beispielsweise weniger Zeit als ursprünglich geplant für die Umsetzung eines Vorhabens zur Verfügung – hat das unweigerlich Auswirkungen auf die übrigen Faktoren: entscheidet man sich im Projektverlauf für den Einsatz zusätzlicher Personalressourcen, damit der vertraglich vereinbarte Leistungsgegenstand doch noch pünktlich fertiggestellt werden kann, werden dadurch die Kosten (i. d. R. zu Lasten des Projektauftragnehmers) steigen.

Leffingwell (2011) nutzt dieses Zusammenspiel der elementaren Faktoren eines Projekts, um plangetriebene von wertgetriebenen Projekten abzugrenzen und daraus den geeigneten Ansatz für die Projektarbeit abzuleiten. Je nachdem ob der Leistungsumfang (in der Regel durch vertragliche Vereinbarungen) festgeschrieben ist oder variabel bleibt, erfolgt dann die Umsetzung und Steuerung im Projekt mit Hilfe eines klassischen Projektmanagements oder innerhalb eines agilen Frameworks (Leffingwell, 2011, S. 17).

1.3.1 Plangetriebener Ansatz

> **Definition**
> Ein plangetriebenes Projekt zeichnet sich vor allem dadurch aus, dass der Leistungsumfang, der durch das projektierte Vorhaben erstellt werden soll, bereits zu Beginn feststeht.

Dabei ist es unerheblich, wie kompliziert die Erstellung des Liefergegenstands (zum Beispiel eines Produkts, eines Konzepts oder einer implementierten Software) ist oder wie aufwendig sich die genaue Beschreibung des Projektumfangs gestaltet. Wenn zu Beginn eines Projekts zwischen Auftraggeber und Auftragnehmer ein konkreter Leistungsumfang für die Umsetzung vereinbart wird, handelt es sich um ein plangetriebenes Projekt (Leffingwell, 2011, S. 17).

> **Beispiel: Bau eines Einfamilienhauses**
> Der Bauherr wird mit dem Bauträger die spezifischen Eigenschaften, die das fertiggestellte Haus bei einer schlüsselfertigen Übergabe letztendlich haben soll (inklusive sämtlicher Ausstattungsvarianten, wie Fliesendesign oder Parkettböden) vertraglich vereinbaren und auf deren Umsetzung im Rahmen des Bauprojekts bestehen.

Ebenso lassen sich auch die Implementierung einer Standardsoftwarelösung oder die Durchführung einer Hochzeitsplanung als plangetriebene Projekte gemäß der oben genannten Definition als Beispiele anführen, weil jeweils zu Beginn des Projekts die vom Auftraggeber erwartete Leistung konkret formuliert und detailliert spezifiziert werden kann.

Wird für die Projektumsetzung die Hilfe eines Dienstleisters in Anspruch genommen, wird in der Regel durch die Erstellung eines entsprechenden Lastenhefts der gewünschte Liefergegenstand konkret beschrieben und festgelegt, welche Eigenschaften er am Ende des Projekts aufweisen soll. Anschließend schafft die Auflistung der vereinbarten und erwarteten Eigenschaften in Form des Pflichtenhefts eine vertragliche Grundlage zwischen Auftraggeber und Auftragnehmer.

Zur Realisierung des inhaltlichen Projektumfangs wird ein detaillierter Plan erstellt, der die Abfolge aller notwendigen Arbeitsschritte strukturiert, und sicherstellen soll, dass der vereinbarte Liefergegenstand innerhalb eines entsprechenden Zeitfensters mit einem bereitgestellten Budget verwirklicht und dem Auftraggeber übergeben werden kann. Der detaillierte Ablaufplan bildet anschließend die Grundlage für eine möglichst detaillierte zeitliche Aufwandschätzung (Meilenstein- und Terminplanung). Ebenso lässt sich daraus die Planung des für die Realisierung benötigten Personal- und Materialressourcenbedarfs ableiten, um nach einer entsprechenden Kostenplanung das notwendige Projektbudget beziffern zu können (Meyer & Reher, 2020, S. 125–141). Wie Abb. 1.4 zeigt, leiten sich also Budget und Terminplanung aus der konkreten Beschreibung des zu erstellenden Leistungsgegenstands ab.

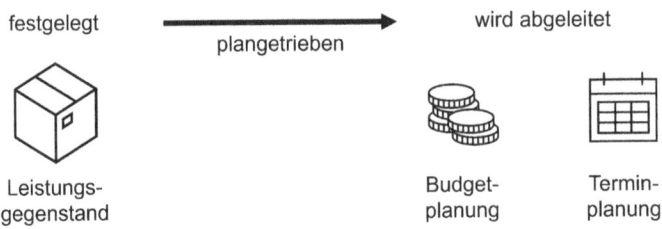

Abb. 1.4 Festgeschriebener Leistungsumfang in plangetriebenen Projekten. (Eigene Darstellung)

Entsprechende Projektpläne zu entwickeln, kann durchaus diffizil und zeitaufwendig sein, stellt aber sicher, dass der vertraglich geregelte Liefergegenstand nicht aus dem Fokus gerät. Die Verantwortung für die Zielerreichung liegt beim Projektmanager. Er steuert den Verlauf des Vorhabens und ergreift bei Planabweichungen während der Durchführung geeignete Maßnahmen, um den Projekterfolg sicherzustellen. Eventuell werden Ressourcen aufgestockt oder die Terminplanung angepasst.

> » Um die vertraglich fixierte Leistung fertigzustellen, ist in plangetriebenen Projekten nicht selten zu beobachten, dass der Kostenrahmen gesprengt wird, sich die Fertigstellung verzögert oder im schlechtesten Fall beides eintritt.

Aufgabe des Projektmanagers ist es daher, bereits im Rahmen der Projektdefinition die Projektziele exakt zu definieren, die Prioritäten zu ermitteln, eine Stakeholderanalyse durchzuführen sowie die Projektrisiken einzuschätzen und diese in einem Projektauftrag gemeinsam mit dem Auftraggeber festzuhalten, bevor die eigentliche Projektplanung beginnt.

Das Projekt endet mit der Übergabe des im Projektauftrag vereinbarten Leistungsgegenstands an den Auftraggeber (Dechange, 2020, S. 275–277). Ob das Projekt anschließend als erfolgreich gewertet wird, hängt in der Regel davon ab, ob das geplante Budget sowie der avisierte Fertigstellungstermin im Rahmen geblieben sind.

> **Beispiel: Gotthard-Eisenbahntunnel**
>
> Die Fertigstellung des Gotthard-Eisenbahntunnels, der nach 17 Jahren Bauzeit im Juni 2016 eröffnet wurde, zeigt, dass ein Projekt auch dann das Prädikat „erfolgreich" erhalten kann, wenn der ursprüngliche Budgetrahmen von 7,3 Mrd. € um etwa 4 Mrd. verfehlt wird (Hengst et al., 2016). Eine neue Sicherheitsverordnung, gestiegene Lohn- und Materialkosten, der Einsatz neuester Technologie sowie die Inflation während der langen Realisierungsphase waren zu Projektbeginn als Rahmenbedingungen schlecht kalkulierbar und mussten daher im Zeitverlauf angepasst werden (NAD, 2007).

Die Beurteilung, ob ein Projekt als erfolgreich wahrgenommen wird, ist also nicht zuletzt abhängig von einer gelungenen Kommunikation zwischen allen Beteiligten.

1.3.2 Wertgetriebener Ansatz

> **Definition**
>
> Wertgetriebene Projekte zeichnen sich dadurch aus, dass der endgültige Leistungsumfang erst am Ende des Projekts erkennbar ist. Er wird aus dem verfügbaren Budget sowie den zeitlichen Rahmenbedingungen abgeleitet (Leffingwell, 2011, S. 17–18).

Zum Zeitpunkt der Projektinitiierung steht ausschließlich eine Vision des angestrebten Projektergebnisses (z. B. einer neuen Software oder eines physischen Produkts) als Orientierungspunkt zur Verfügung, die es zu verwirklichen gilt. Zu Beginn muss folglich so konkret wie möglich die Vorstellung darüber beschrieben werden, wie der im Rahmen eines Projekts zu realisierende Gegenstand bestmöglich die Bedürfnisse und die Anforderungen des Auftraggebers bzw. des Kunden erfüllen könnte, weil sich daraus der Mehrwert des Vorhabens unmittelbar erschließt.

Leffingwell (2011, S. 22) spricht in diesem Zusammenhang vom Value Driven Approach, bei dem die Qualität des Leistungsgegenstands verbessert wird, bis entweder das Budget ausgeschöpft oder der festgesetzte Abgabetermin erreicht ist. Somit hängt das fertiggestellte Projektergebnis

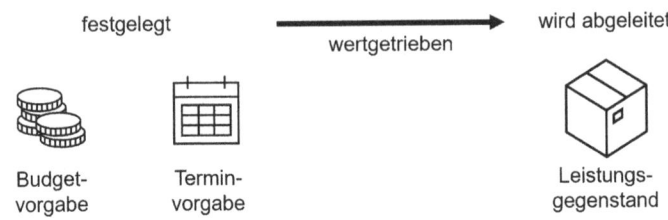

Abb. 1.5 Abgeleiteter Leistungsumfang in wertgetriebenen Projekten. (Eigene Darstellung)

vom zur Verfügung gestellten Budget und der Terminvorgabe ab und wird nicht von Beginn an festgeschrieben, wie Abb. 1.5 zeigt.

> Das Projektergebnis entsteht schrittweise entlang einer kundenorientierten Vision, liefert von Beginn an einen Mehrwert, reift mit jeder Iteration und ist fertiggestellt, wenn Budget oder Zeit aufgebraucht sind.

Durch eine kontinuierliche Bewertung der Zwischenergebnisse wächst das Verständnis aller Projektbeteiligten, welche weiteren Eigenschaften der zu fertigende Leistungsgegenstand zusätzlich benötigt (Leffingwell, 2011, S. 24). Dazu wird das Ergebnis jeder Iterationsschleife dem Auftraggeber zur Nutzung überlassen. Der gelieferte Mehrwert zeigt sich unmittelbar in der Erprobung. Sofern sich aus der Nutzung neue Anforderungen ergeben, fließen diese in die Weiterentwicklung im Rahmen der nächsten Iterationsschleife ein.

> **Wichtig**
> - Bei plangetriebenen Projekten steht der Liefergegenstand zu Beginn des Projekts (i. d. R. durch Vertragsschluss) fest. Kosten und Termine leiten sich aus dem zugesicherten Leistungsumfang ab.
> - Wertgetriebene Projekte definieren sich durch den im Projektverlauf geschaffenen Mehrwert. Sie zeichnen sich dadurch aus, dass der konkrete

> Liefergegenstand nicht festgeschrieben, sondern das Ziel des Projekts lediglich als Vision beschrieben werden kann. Die Kosten sowie die Terminplanung werden fixiert und der Leistungsumfang solange erstellt, bis Budget und Zeit aufgebraucht sind.

1.4 Umsetzungsentscheidung: Wer trägt die Ergebnisverantwortung?

Wenn unter überschaubaren Rahmenbedingungen ein Ziel klar definiert werden kann und ein entsprechendes Methodenwissen darüber besteht, wie dieses festgelegte Ziel zu erreichen ist, können Entscheidungen in Bezug auf die Umsetzung auf Basis bewährter Verfahren rational getroffen werden (Stacey, 1996, S. 33–48). Je kürzer der Planungszeitraum für das Vorhaben gefasst ist, desto besser lassen sich die Rahmenbedingungen abschätzen und verlässliche Prognosen formulieren. Der Prozess kann durch das Management, das für die Zielerreichung verantwortlich ist, überwacht und Steuerungsmaßnahmen bei Abweichungen initiiert werden. Aus der häufig zitierten Matrix, die Stacey aus späteren Auflagen seines Buchs „Strategic Management & Organisational Dynamics" wieder entfernt hat, lässt sich (entgegen vieler anderslautender Interpretationen) nicht ableiten, welcher Projektansatz am besten geeignet ist. Aber es lässt sich ablesen, wie die Entscheidungsfindung gelingen kann, wenn Planungssicherheit zunehmend schwindet (far from certainty) und Vereinbarungen unklarer werden (far from agreement). Die Steuerung durch ein ergebnisverantwortliches Management wird zugunsten eines Ansatzes aufgelöst, in dem Entscheidungen auf Entdeckungen beruhen. Auswahlprozesse selektieren aus einer Vielzahl von Entwicklungen die vielversprechenste Variante, je weniger das Ziel im Vorfeld vereinbart und je weniger Wissen über die richtige Vorgehensweise vorhanden ist. Natürlich lässt sich dieses Verständnis zur Steuerung von Prozessen auf die Projektarbeit übertragen. Während bei einer klaren Definition des Leistungsgegenstands und einer sehr genauen Vorstellung darüber, wie das Ziel erreicht werden kann, detaillierte Pläne erstellt und überwacht werden können, lösen sich diese Managementansätze unter komplexen Rahmenbedingungen zunehmend auf und erfordern mehr Eigenverantwortung und Selbstorganisation der an der Umsetzung beteiligten Personen (Maxwell, 2014, S. 7–10). Folglich ist unter volatilen Rahmenbedingungen ohne konkrete Zielvereinbarung die erfolgreiche Durchführung von Projekten nur dann möglich, wenn die Ergebnisverantwortung auf die am Projekt beteiligten Teammitglieder übertragen wird, die durch stufenweise Entwicklung methodisches Erfahrungswissen sammeln und Schritt für Schritt den Leistungsgegenstand konkretisieren. Dabei ist das vielbeschworene Mindset der Projektmitglieder von besonderer Bedeutung, wie die Unternehmensberatung McKinsey gemeinsam mit der Organisation Scrum.Org in einem Leitfaden zur Personalentwicklung herausgearbeitet hat (Aghina et al., 2019). Zudem ist unter diesen Rahmenbedingungen (far from agreement, far from certainty) vor allem die Kommunikation und der kontinuierliche Austausch zwischen allen Beteiligten wesentlicher Erfolgsfaktor. So empfiehlt bereits Stacey (1996, S. 39), dass unter diesen Bedingungen die intensive Diskussion in kleinen Gruppen zur Lösungsfindung beiträgt.

> » Nur wenn sich alle Beteiligten einig sind, in welche Richtung sich Leistung und Prozess entwickeln sollen, können alle an einem Strang ziehen und eigenverantwortlich und selbstbestimmt zu einem Mehrwert beitragen.

Es finden sich in den Überlegungen von Stacey hinsichtlich geeigneter Managementansätze durchaus Empfehlungen zu iterativen Vorgehensweisen. Situative und lösungsorientierte Entscheidungen von ergebnisverantwortlichen Mitarbeitern, die durch einen kommunikativen Meinungsbildungsprozess von allen getragen werden, scheinen der Schlüssel zum Erfolg bei volatilen Rahmenbedingungen zu sein, in dem klassische Planungs- und Steuerungsprozesse versagen.

1 Einstieg in die konzeptionellen Grundlagen

Fazit

Gibt es einen vertraglich geregelten Liefergegenstand und ist grundsätzlich klar, wie dieser Liefergegenstand realisiert werden kann, liegt die Ergebnisverantwortung beim Management, das den Entwicklungsprozess überwacht und bei Abweichungen steuernd eingreift (klassisches Projektmanagement). Dabei beschränkt sich dieser Ansatz nicht auf eine rein sequenzielle Vorgehensweise. Wie das V-Modell gezeigt hat, ist auch hier ein iteratives und inkrementelles Vorgehen möglich und zielführend.

Steht der Liefergegenstand weder im Umfang noch qualitativ fest und lassen sich auch die Umsetzungsmethoden nicht klar benennen, weil kaum oder nur wenige Erfahrungswerte zur Verfügung stehen, dominieren selbstbestimmte, eigenverantwortliche und zielorientierte Projektteams die Entscheidungsfindung. Die Rolle eines Projektmanagers entfällt unter diesen volatilen Rahmenbedingungen.

Ein geeigneter Ansatz zur Durchführung von Projekten wird folglich im Zusammenspiel unterschiedlicher Kriterien gefunden, die in Abb. 1.6 gemeinsam dargestellt sind. Ist es nicht möglich, den zu erbringenden Leistungsgegenstand zu Beginn der Projektarbeit zu konkretisieren, sondern existiert lediglich eine Vorstellung in Form einer Vision, wird im Rahmen einer wertgetriebenen Projektarbeit der Leistungsgegenstand

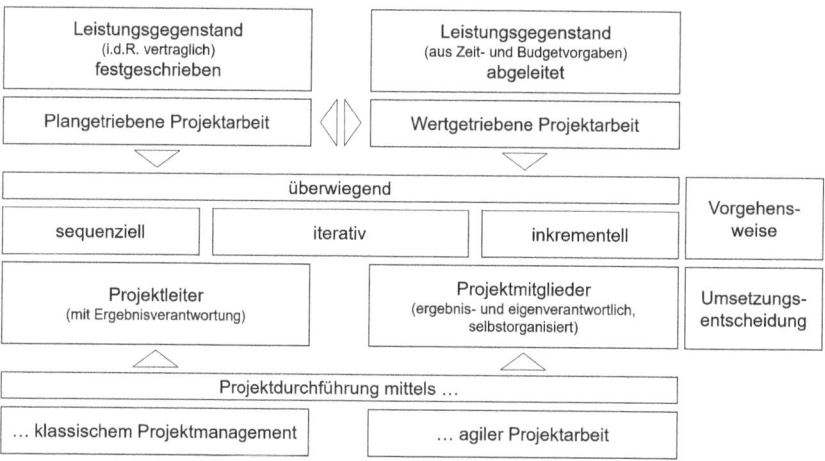

Abb. 1.6 Auswahl eines geeigneten Projektansatzes – ein Überblick. (Eigene Darstellung)

durch eine iterative und inkrementelle Vorgehensweise solange weiterentwickelt, bis entweder das Budget aufgebraucht oder die Fristsetzung erreicht ist. Dabei liegt die Umsetzungsentscheidung bei ergebnisverantwortlichen, selbstorganisierten Projektmitgliedern. In diesem Kontext sprechen wir von agiler Projektarbeit.

Wie agile Projektarbeit gelingen kann und welche grundsätzliche Idee sich hinter entsprechenden Frameworks verbirgt, soll nachfolgend in aller Kürze beschrieben werden.

1.5 Grundbegriffe agiler Frameworks

Agile Frameworks sollen helfen, hoch komplexe und von großer Unsicherheit geprägte Vorhaben zu realisieren. Agiles Arbeiten soll von Beginn an einen Mehrwert stiften, ohne dabei den Fokus auf die zu Beginn festgelegte Vision aus den Augen zu verlieren. Um gerade in Entwicklungsprojekten dieser Aufgabe gerecht zu werden, hat 2001 eine Gruppe von Softwareentwicklern einige grundlegende Empfehlungen für eine erfolgreiche Projektarbeit im sogenannten Agilen Manifest (Beck et al., 2001) veröffentlicht. Zu den Softwareentwicklern gehörten damals auch Ken Schwaber und Jeff Sutherland, die bereits 1995 in Texas auf der Konferenz zu Object-Oriented Programming, Systems, Languages and Applications (OOPSLA) Scrum als agiles Framework vorstellten (Lüninghöner, 2024).

> **Das Agile Manifest hat sich seither als Grundlage agiler Projektarbeit etabliert.**

Die Basis bilden dabei die folgenden vier Grundwerte, die jeweils kurz erläutert werden, um Missverständnisse und Fehlinterpretationen im Weiteren zu vermeiden:

- **Individuen und Interaktion über Prozesse und Werkzeuge**
  Die Wertschätzung aller am Projekt beteiligten Personen sowie deren von vertrauensvoller Kommunikation und Eigenverantwortung ge-

prägte Zusammenarbeit erhalten einen höheren Stellenwert in der Projektarbeit als die Planung, Festlegung und Überwachung vorgegebener Prozessabläufe. Diese müssten durch die sich stetig verändernden Rahmenbedingungen ohnehin laufend angepasst werden. Die permanente Anpassung der Prozesse sowie die Neuauswahl der jeweils geeigneten Werkzeuge würde in agilen Projekten durch die Unvorhersehbarkeit immer neuer Anforderungen und das volatile Umfeld immens viel Zeit verschlingen. Zielführender ist es, diese Zeit in die Realisierung des Vorhabens zu investieren, um mit Vertrauen in die Fähigkeiten der Projektbeteiligten sowie einer offenen Kommunikation und interaktiver Kollaboration zwischen den Beteiligten einen erkennbaren und schnell nutzbaren Mehrwert zu schaffen.

- **Lauffähige Software über umfassende Dokumentation**
Im Vordergrund steht die inkrementelle Erstellung eines funktionsfähigen Produkts. Die Dokumentation – und das scheint häufig ein Missverständnis zu sein – entfällt damit nicht, genießt aber nicht die Priorität wie in plangetriebenen Projekten, wo gerade eine vollständige und nahtlose Dokumentation aller Abläufe, Entscheidungen und Ergebnisse meist vertraglich vereinbart ist. In agilen Projekten ist es für einen nutzbaren Mehrwert wichtiger, dass das am Ende einer Iterationsschleife erreichte Zwischenergebnis einsatzfähig ist und erprobt werden kann, um sinnvolle Erweiterung der Funktionalität im nächsten Schritt aus den Erfahrungen der Erprobungsphase abzuleiten. Dieser Ansatz lässt sich auch auf Entwicklungsprojekte übertragen, die keinen unmittelbaren IT-Kontext haben, wenngleich im Agilen Manifest von lauffähiger Software die Rede ist.

- **Zusammenarbeit mit Kunden über Vertragsverhandlungen**
Da der Leistungsgegenstand in agilen Projekten ohnehin nicht vertraglich festgelegt werden kann, sind langwierige Vertragsverhandlungen auch wenig sinnvoll. Vielmehr dient die zu Beginn formulierte Vision als Orientierungspunkt, die sich streng am Kundennutzen ausrichtet. Um die Bedürfnisse und Anforderungen besser zu verstehen und daraus die Prioritäten für die nächste Entwicklungsstufe besser ableiten zu können, ist ein stetiger Austausch mit dem Auftraggeber und eine vertrauensvolle Kommunikation aller Projektbeteiligten unerlässlich.

Dabei geht es weniger um häufige Präsentationen, bunte Bilder und verbale Erläuterung des Projektfortschritts dem Auftraggeber gegenüber, als vielmehr um die schnelle Übergabe von Resultaten, die anschließend vom Kunden hinsichtlich eines Mehrwerts getestet und bewertet werden. Das Feedback des Auftraggebers ist also essenziell für den Projekterfolg und muss entsprechend eingefordert werden.

- **Reaktion auf Veränderungen über Befolgung eines Plans**
Bei einer iterativen und inkrementellen Projektarbeit soll Erfahrungswissen Schritt für Schritt aufgebaut werden und Entwicklungsschritte sollen sich an Kundenbedürfnissen ausrichten. Somit werden auch stetig die Anforderungen verändert und die Prioritäten verschoben. Es ergeben sich neue Lösungsansätze und neue Werkzeuge müssen eingesetzt werden. Einen umfassenden Projektstrukturplan zu Beginn des Projektes bei solch volatilen Rahmenbedingungen zu erstellen, ist schlicht nicht möglich. Daher ruft das Agile Manifest dazu auf, Veränderungen willkommen zu heißen. Anpassungen sollen nicht mit der Begründung abgelehnt werden, dass sie in der Projektplanung nicht vorgesehen sind oder sich nur schwer integrieren lassen, ohne Budget- oder Terminplanung zu gefährden. In plangetriebenen Projekten ist dieser Einwand berechtigt, da der vertraglich zugesicherte Leistungsgegenstand möglichst termintreu und im Rahmen des geplanten Budgets realisiert werden soll. In agilen Projekten hingegen soll die Erprobung jedes erstellten Inkrements die Kundenbedürfnisse weiter konkretisieren. Veränderte Bedürfnisse in der Umsetzung der nächsten Iterationsschleife nicht zuzulassen, wäre daher wenig zielführend.

> » Die Grundwerte des Agilen Manifests stecken den Rahmen für agiles Arbeiten in Projekten fest.

Diese vier Grundwerte werden ergänzt durch zwölf Grundprinzipien, die situativ Orientierungshilfe für die konkrete Umsetzung in der Zusammenarbeit agiler Projektteams geben sollen. So lautet beispielsweise eines dieser Grundprinzipien, dass Projekte rund um motivierte Individuen errichtet werden sollen: „Gib ihnen das Umfeld und die Unterstützung, die sie benötigen und vertraue darauf, dass sie die Aufgabe erledigen" (Beck et al., 2001). Die Rolle eines Projektleiters, der verantwortlich ist für die Erstellung eines Leistungsgegenstands, entfällt somit in agilen Projekten vollständig. Vielmehr übernimmt jedes einzelne Projektmitglied Umsetzungsverantwortung und arbeitet selbstorganisiert und zielorientiert. Im Gegensatz zu plangetriebenen Projekten, in denen über entsprechende Hierarchiestufen Verantwortung übertragen wird, verlangt das Arbeiten in agilen Projekten den Projektmitgliedern somit auch ein hohes Maß an Disziplin, Selbstkoordination, Motivation und Selbstreflexion ab.

> **Wichtig**
> - Agile Projekte stellen die kontinuierliche Erschaffung von Mehrwert in den Mittelpunkt. Mit jeder Iterationsschleife wird zusätzlicher Nutzen erzeugt.
> - Ohne selbstbestimmte, motivierte, qualifizierte und lernbegeisterte Teammitglieder, die Verantwortung übernehmen, geht es nicht. Kommunikationsfähigkeit, Selbstreflexion und Zielorientierung sind wichtige Eigenschaften, die jedes Teammitglied vorweisen muss.

Im Bemühen Projekte erfolgreich umzusetzen, ist der Wunsch nach konkreten Werkzeugen und einem methodischen Ansatz groß. So ist es nicht verwunderlich, dass Tools, die in agilen Frameworks zum Projekterfolg beitragen, sich großer Beliebtheit erfreuen. Auch Begrifflichkeiten, die in derartigen Frameworks eine konkrete Bestimmung haben, werden schnell in die eigene Projektarbeit unter gänzlich anderen Rahmenbedingungen aufgenommen, in der Hoffnung, die gesetzten Ziele im Projekt damit besser erreichen zu können. Der Einsatz eines agilen Frameworks ist jedoch mehr als dieser auf den ersten Blick sichtbare Teil des Ansatzes. Vielmehr erfordert der sinnvolle Einsatz agiler Projektarbeit einen organisatorischen Veränderungsprozess, der auf zwei Ebenen stattfinden muss. So sind für den Erfolg nicht nur formale Kriterien entscheidend, sondern überwiegend informelle (Kaune et al., 2021, S. 13–16). Dass Projekte trotz des Einsatzes von Tools und Abläufen aus agilen Frameworks scheitern, liegt also wohl daran, dass der informelle Teil des agilen Projektansatzes allzu leicht übersehen wird. Ähnlich wie bei einem

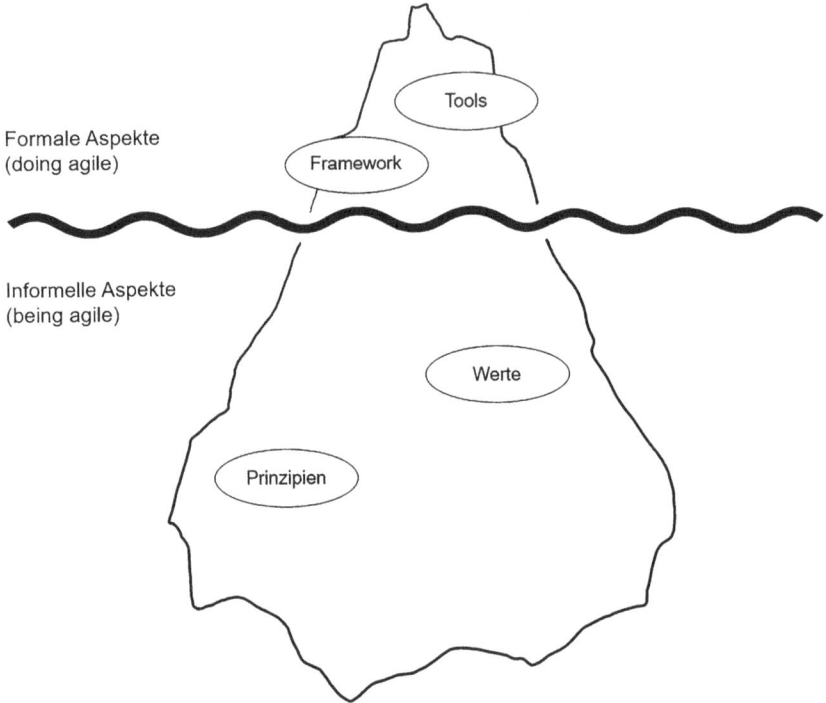

Abb. 1.7 Eisbergmodell der Agilität. (Eigene Darstellung in Anlehnung an Kaune, 2010, S. 31)

Eisberg (vgl. hierzu Abb. 1.7) macht jedoch dieser nicht sichtbare informelle Teil, der die Organisationskultur innerhalb des Projekts beschreibt, den elementaren Erfolgsfaktor agiler Frameworks aus.

So erschließt sich der überwiegende Teil des Projektansatzes agiler Frameworks erst durch eine vertiefte Auseinandersetzung mit dem Thema. Der unter der Oberfläche verborgene Teil agilen Arbeitens, der aus entsprechenden Prinzipien für das gemeinsame Handeln und einem umfassenden Werterahmen besteht (Being Agile), ist der wesentliche Aspekt des Ansatzes und für den Erfolg maßgeblich (Schein & Schein, 2018, S. 14–22). Der offensichtliche Teil allein, der die Aufgaben, Strukturen und Abläufe sowie geeignete Werkzeuge zur Umsetzung (Doing Agile) enthält, führt nicht zwangsläufig zum Projekterfolg ohne einen entsprechenden, tragfähigen Unterbau.

> **Wichtig**
>
> Werden in der Projektarbeit lediglich Begriffe aus agilen Frameworks verwendet oder Tools genutzt, ohne jedoch nach den agilen Prinzipien und Werten zu handeln, ist auch die Projektarbeit nicht wirklich agil. Der bemühte Einsatz geeigneter Werkzeuge allein wird nicht zum gewünschten Erfolg führen.

Der Anwendungsworkshop kann indes ebenfalls nur die formalen Aspekte agiler Projektarbeit vermitteln, weil auch hier lediglich die Anwendung geeigneter Werkzeuge eingeübt werden kann. Schließlich können Wertvorstellungen und ein entsprechendes Mindset nicht einfach auf Lernende übertragen werden. Handeln die Teilnehmer nicht im Rahmen eines entsprechenden Werterahmens oder vertreten sie in ihrer Arbeit nicht die genannten Prinzipien agiler Frameworks, wird ein Veränderungsprozess für künftige Projekte kaum durch die Teilnahme am Workshop in Gang gesetzt werden können. Die Relevanz dieser informellen Aspekte immer wieder im Rahmen eines entsprechenden Reflexionsprozesses herauszustellen, ist daher vorrangige Aufgabe der Person, die die Durchführung des Workshops übernommen hat. Geht man als Vorbild durch Wertschätzung, verbindliche Zusagen und eine fokussierte Arbeitsweise mit gutem Beispiel voran, werden die Workshop-Teilnehmer hoffentlich die Sinnhaftigkeit und Tragweite dieser informellen Aspekte erkennen und auf ihr eigenes Handeln übertragen.

Wie das agile Framework Scrum basierend auf diesen Prinzipien und Werten die Organisation der Projektarbeit verändern kann, soll nachfolgend vertieft werden.

1.6 Scrum – ein agiles Framework

Scrum ist weder Vorgehensmodell noch Methode. Als Framework repräsentiert es vielmehr eine Philosophie, einen theoretischen Unterbau, um in Projekten agil handeln zu können. Es ist bewusst unvollständig und will lediglich im Sinne von Spielregeln eine Anleitung für Beziehungen und Interaktionen in Projektteams geben (Schwaber & Sutherland, 2020, S. 3–13).

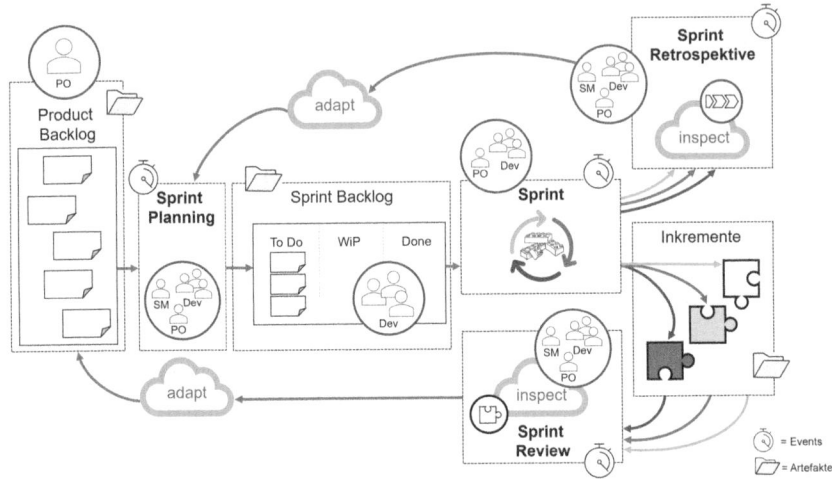

Abb. 1.8 Scrum – Iterativer Prozess zur inkrementellen Wertschöpfung. (Eigene Darstellung basierend auf dem Scrum-Guide, Schwaber & Sutherland, 2020)

Der in Abb. 1.8 dargestellte iterativer Prozess organisiert im Rahmen eines sogenannten Sprints die agile Projektarbeit und ist Ausgangspunkt einer inkrementellen Wertschöpfung. Sämtliche darin enthaltene Rollen, Artefakte und Events sind darauf ausgerichtet, schrittweise ein besseres Verständnis für etwaige Anforderungen zu entwickeln, prozessuales Erfahrungswissen zu sammeln, darauf aufbauend die Arbeitsweise stetig zu verbessern und kontinuierlich einen nutzbaren Mehrwert in Form von Inkrementen zu schaffen (Inspect and Adapt).

Um eine Grundlage für die Durchführung des Anwendungsworkshops zu schaffen, werden die dargestellten Bestandteile des Frameworks basierend auf dem Scrum-Guide nachfolgend im Einzelnen erläutert.

1.6.1 Drei Grundgedanken als Basis

Das Framework basiert auf drei grundsätzlichen Annahmen, wie Projekterfolg erzielt werden kann. Sie spiegeln den gesamten Ansatz von Scrum als agiles Framework wider. Folgende Grundgedanken finden sich dazu im Scrum Guide:

- **Wissen wird aus Erfahrung gewonnen (Empirie)**
  Wenn im Projektkontext aufgrund des hohen Innovationscharakters kein ausreichendes Erfahrungswissen vorhanden ist, muss viel probiert und daraus gelernt werden. Jeder einsatzfähige Prototyp, der entwickelt wird, liefert wichtige Erkenntnisse darüber, was funktioniert und eben auch, was fehlgeschlagen ist. Erhält der Auftraggeber die Gelegenheit, den am Ende einer Iterationsschleife bereitgestellten Funktionsumfang zu testen, lässt sich der Nutzen zeitnah überprüfen, können Missverständnisse geklärt und die Erwartungshaltung konkretisiert werden.
- **Fokussiere Dich auf das Wesentliche (Lean Thinking)**
  Auch im Agilen Manifest lautet eines der zwölf Prinzipien: „Einfachheit ist essenziell – es ist die Kunst, die Menge nicht getaner Arbeit zu maximieren" (Beck et al., 2001). Es geht also darum, alle Schnörkel am Inkrement und Ablenkungen in der Projektarbeit beiseitezuschieben und sich auf den zu schaffenden Mehrwert, den das Inkrement am Ende der Iterationsschleife liefern soll, zu konzentrieren. Natürlich setzt das voraus, dass man sich innerhalb des Teams zu Beginn des Iterationszyklus darauf verständigt haben muss, wie der abzuliefernde Qualitätsumfang im Wesentlichen aussehen soll.
- **Das Team verfügt über alle notwendigen Fähigkeiten**
  Wesentlicher Faktor in Scrum ist das Grundvertrauen in die Fähigkeiten und die Eigeninitiative der Teammitglieder. Für den Fall, dass essenzielle Fähigkeiten im Team fehlen, gilt die Annahme, dass das fehlende Wissen eigenständig erworben und kollektiv geteilt wird. Das optimale Profil, das Teammitglieder in agilen Entwicklungsprojekten mitbringen sollten, hat David Guest (1991) als T-Shaped bezeichnet. Dabei vereint eine Person tief verankertes Expertenwissen in mindestens einem Fachgebiet (senkrecht) gemeinsam mit generalistischem Wissen, das sich über ein breites Spektrum erstreckt (waagrecht) (Maehrlein, 2020, S. 49–50). Projekte, die mit Hilfe von Scrum realisiert werden sollen, brauchen also intrinsisch motivierte Teammitglieder, die einerseits Spezialisten in mindestens einem Thema, gleichzeitig aber auch als Generalisten mit breitem Grundwissen ausgestattet sind oder sich eigenständig entsprechendes Wissen aneignen.

> Die Erwartungen an die Teammitglieder sind hoch und das zu Recht – schließlich wird der Projekterfolg vertrauensvoll in ihre Hände gelegt.

> **Wichtig**
> - Ein agiles Team entwickelt durch Erfahrungen ein besseres Verständnis für den Kundennutzen.
> - Alle Teammitglieder konzentrieren sich bei der Umsetzung immer auf das Wesentliche.
> - Das Team ist grundsätzlich mit der notwendigen Expertise ausgestattet.

Mit diesen Grundgedanken sind auch entsprechende Werte – sozusagen ein bestimmtes Mindset – eng verknüpft, ohne die das Framework nicht anwendbar ist.

1.6.2 Scrum-Werte als Kompass

> „Werte geben Orientierung und sind wesentlich für das Wahrnehmen, Denken und Handeln.[1]"

Ein Bekenntnis zu Werten und Wertvorstellungen für die Zusammenarbeit in Projekten ist grundsätzlich immer hilfreich und sinnvoll, weil sich dort mit dem Aufeinandertreffen ganz unterschiedlicher Menschen durch gemeinsame Wertvorstellungen ein Rahmen für gemeinschaftliches Handeln definieren lässt. Somit tragen auch in plangetriebenen Projekten die nachfolgend dargestellten Werte mit Sicherheit zu einem Projekterfolg bei und sind für jede Art von Zusammenarbeit erstrebenswert. Das Scrum-Framework verkommt jedoch ohne diesen Wertemaß-

---
[1] (Wiechmann & Paradiek, 2020, S. 8).

stab zu einem hohlen Projektansatz ohne Aussicht auf eine signifikante Steigerung des Projekterfolgs. Somit sind die nachfolgend beschriebenen Werte untrennbar mit dem Scrum-Framework verbunden (Maehrlein, 2020, S. 44–50). Auch wenn häufig (vgl. u. a. Rubin, 2014 oder Wiechmann & Röpstorff, 2022) die Rollen und Artefakte in den Mittelpunkt agilen Arbeitens gestellt werden, so sind es diese fünf Wertvorstellungen, die im Scrum-Framework Orientierung im Hinblick darauf bieten, worauf im gemeinsamen Miteinander der Projektarbeit besonders geachtet werden muss, wie Entscheidungen herbeigeführt werden und wie mit Konflikten umgegangen werden soll. Sie konkretisieren den informellen Aspekt, der – wie im Eisbergmodell dargestellt – auf den ersten Blick verborgen bleibt, ohne den jedoch agile Projektarbeit unmöglich ist.

- **Verbindliche Zusage (Commitment)**
  Die Rahmenbedingungen eines Projekts können volatil sein, das endgültige Ziel nicht klar definierbar und die eine richtige Vorgehensweise ist womöglich nicht erkennbar. Aber wenn agil gearbeitet wird, müssen sich die Teammitglieder in der gerade begonnenen Iterationsschleife auf das angestrebte Ergebnis dieser Entwicklungsstufe einigen und sich der Fertigstellung des Inkrements verschreiben. Werden Aufgaben übernommen, muss jeder Einzelne die Erledigung seiner Aufgaben sicherstellen. Das erfordert eine gute Selbsteinschätzung der eigenen Fähigkeiten, ein hohes Maß an Disziplin, ein entsprechendes Pflichtbewusstsein und die Bereitschaft, sich an getroffene Zusagen zu halten und dafür jederzeit die Verantwortung zu übernehmen. Im agilen Projekt werden Aufgaben also nicht zugewiesen, sondern erreichbare Ziele werden diskutiert, bewertet und gemeinsam verbindlich festgelegt.
- **Fokus**
  75 % aller Mitarbeiter sind mit überflüssigen Tätigkeiten beschäftigt oder arbeiten an Dingen, die niemand braucht, weil sie ihre Aufgaben nicht priorisieren wollen oder können (Sutherland, 2019, S. 74–86). Für den Erfolg eines agilen Frameworks wie Scrum ist es essenziell, dass sich jedes einzelne Projektmitglied auf das Wesentliche konzentriert und weder die zu Beginn beschriebene Vision noch die unmittelbar angestrebte Fertigstellung des jeweiligen Inkrements aus den

Augen verliert. Genaugenommen handelt es sich bei der Fokussierung also eher um ein Prinzip als um einen Wert, da dieser Grundsatz eine klare Anweisung für das Handeln gibt: „Höre auf mit dem Anfangen und beginne mit dem Fertigstellen" – ein Prinzip, das auch in der Kanban-Methode und in Kaizen-Organisationen im Mittelpunkt steht (Anderson, 2011, S. 19–22). Die Fokussierung ist dabei Gemeinschaftsaufgabe und Einzelverantwortung zugleich: einerseits ein im Team vereinbartes Ziel in Angriff zu nehmen und andererseits in der eigenen Arbeit alles Störende und Unnötige wegzulassen.

- **Offenheit**
Die Fähigkeit, sich auf neue Wege einzulassen, im Lösungsfindungsprozess Dinge auszuprobieren und sich mit Vorschlägen ernsthaft auseinanderzusetzen, erfordert Neugier und Unvoreingenommenheit. Damit schwierige und unvorhersehbare Problem schnell gelöst werden können, müssen alle Teammitglieder also ein offenes Ohr haben, womöglich die eigene Meinung ändern, Missstände ansprechen und Kritik aushalten können. Die Einschätzung des Auftraggebers ist immer wichtig, sein Feedback notwendig für eine kontinuierliche Verbesserung. Werden Erkenntnisse innerhalb des Teams zurückgehalten, Vorschläge nicht gehört oder Probleme nicht offen diskutiert, dann werden Potentiale nicht genutzt, der Mehrwert nicht ausgeschöpft und die Lösung nicht bestmöglich entwickelt.

- **Respekt**
Der Ton macht die Musik. Kritik darf geäußert, Vorschläge gemacht und Ideen verworfen werden. Aber im Vertrauen darauf, dass das Projektteam über alle Kompetenzen verfügt, ist es selbstverständlich, dass sich die Teammitglieder mit gegenseitigem Respekt begegnen, auf Augenhöhe kommunizieren und wertschätzend miteinander umgehen. Kritik darf niemals destruktiv oder gar persönlich verletzend sein. Sie wird konstruktiv auf eine Verbesserung der Zielerreichung ausgerichtet. Gerade dann, wenn eher legere Umgangsformen gepflegt werden, kommt der Kommunikation an dieser Stelle eine maßgebliche Bedeutung zu.

- **Mut**
Wenn man seine angestrebten Ziele erreichen und ihnen Nachdruck verleihen will, darf man keine Angst haben (Sutherland, 2019, S. 89 ff.). Wenn unter volatilen Rahmenbedingungen gearbeitet werden soll,

Erfahrungswissen unzureichend ist und klare Handlungsanweisungen zur Umsetzung fehlen, muss allen Beteiligten klar sein, dass Fehler passieren werden und nicht beim ersten Anlauf alles passt. Scheitern gehört zum Lernen dazu und Projektbeteiligte müssen Wagnisse eingehen, um bestmögliche Lösungen zu finden. Wird die Projektarbeit von Angst geprägt, Stakeholder zu enttäuschen, sich bei anderen Teammitgliedern unbeliebt zu machen oder nicht im ersten Anlauf die richtige Wahl zu treffen, fallen notwendige Entscheidungen zu spät, werden kreative Lösungen verworfen, leise Stimmen und zu leise vorgetragene Ideen nicht gehört – neue Wege nicht gegangen.

> **Wichtig**
> - Bei der agilen Projektarbeit sind Offenheit und Mut essenziel, damit die jeweils beste Lösung gefunden werden kann.
> - Jeder trägt intrinsisch motiviert bestmöglich zum Projekterfolg bei und verfügt über das notwendige Know How, um seine Projektaufgaben zu erfüllen. Dafür wird er im Team wertgeschätzt und respektiert.
> - Alle verständigen sich gemeinsam auf das zu erreichende Ziel und fokussieren sich in der Umsetzung auf das Wesentliche.

Diese Werte dienen als Kompass auf dem Weg zur Realisierung einer Vision und bieten dem Projektteam Orientierung bei der Arbeit am gemeinsamen Vorhaben. Sie helfen als vereinbarter Rahmen dabei, schnelle Entscheidungen in unvorhersehbaren Situationen eigenverantwortlich treffen zu können.

Im Workshop können diese Werte nur implizit vermittelt werden. Mut kann nicht eingeübt werden, wenn Konsequenzen des eigenen Handels nicht zu befürchten sind. Auch ohne Missstände im prozessualen Ablauf der Iterationsschleife offen anzusprechen, wird der Workshop und damit die Projektarbeit nach Ablauf der Zeit beendet. Werden diese Werte aber konsequent im Rahmen einer Reflexion thematisiert und lassen sich die Teilnehmer darauf ein, erleben sie hoffentlich eine spürbare Verbesserung in der Zusammenarbeit und erkennen die Bedeutung dieses Handlungsrahmens.

1.6.3 Die tragenden Säulen

Wenn wenig Gewissheit hinsichtlich der konkreten Anforderungen herrscht und in der Durchführung kaum auf entsprechendes Erfahrungswissen zurückgegriffen werden kann, tastet man sich nach und nach vor und lernt aus den gemachten Fehlern. Dazu muss jeder Schritt in der Projektarbeit daraufhin untersucht werden, ob er zielführend war und wie der Bearbeitungsprozess zu bewerten ist. Sowohl die Begutachtung der jeweiligen Teilergebnisse als auch die damit verbundene Anpassung unerwünschten Verhaltens bzw. nicht zielführender Eigenschaften des Leistungsgegenstands stellen also die tragenden Säulen im Framework dar und sind in Abb. 1.9 dargestellt.

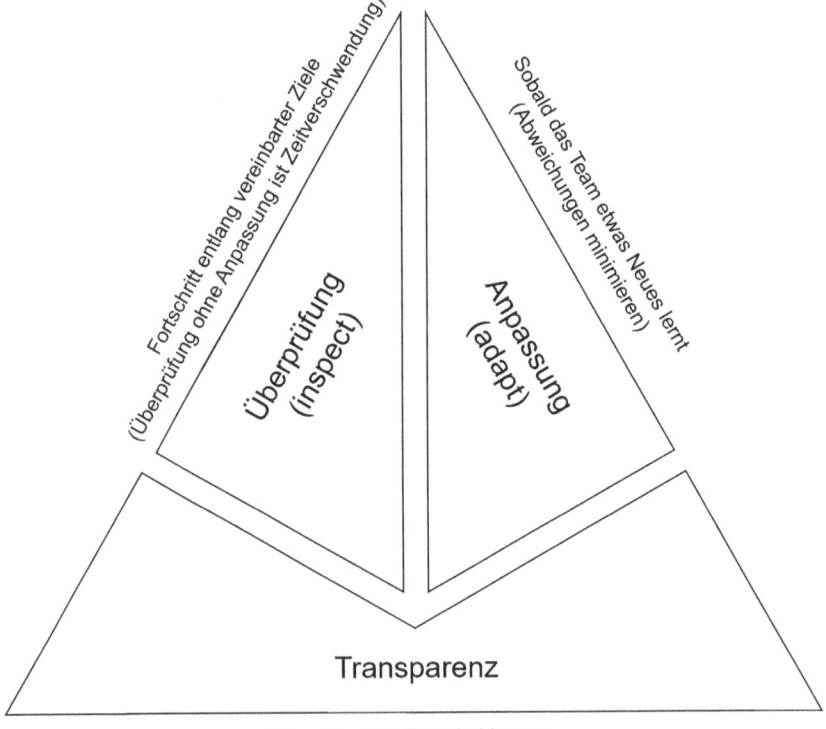

Abb. 1.9 Tragende Säulen im Scrum-Framework. (Eigene Darstellung)

Wie bereits ausgeführt, verwendet Scrum eine iterative und inkrementelle Vorgehensweise. In immer wiederkehrenden Iterationszyklen (Sprints) werden jeweils funktionsfähige, vom Kunden nutzbare Inkremente erstellt. Sowohl der Erstellungsprozess wie auch das erstellte Inkrement werden am Ende einer Iterationsschleife überprüft und bewertet (Inspect). Was nicht gut gelaufen ist, nicht zum Erfolg geführt hat, vom vereinbarten Ziel abgewichen ist oder im Erstellungsprozess vom Wesentlichen abgelenkt hat, wird angepasst (Adapt). Dadurch entsteht Transparenz, die die Entscheidungen für alle Beteiligten nachvollziehbar und die kontinuierliche Veränderung von Abläufen sichtbar macht.

> **Wichtig**
> - Entscheidungen werden zwischen allen Beteiligten getroffen und sind für alle nachvollziehbar.
> - Prozesse und Ergebnisse werden in kurzen Zeitintervallen hinsichtlich ihrer Zielausrichtung überprüft (Inspect).
> - Prozesse oder Ergebnisse, die nicht vereinbarungsgemäß ausgeführt wurden, werden angepasst (Adapt).

Im agilen Bearbeitungsprozess des Scrum Frameworks werden die tragenden Säulen „Inspect and Adapt" an unterschiedlichen Stellen sichtbar, die nachfolgend anhand der entsprechenden Events kurz erläutert werden.

- **Der Review zur Überprüfung des Inkrements**
  Im Rahmen des Reviews wird der erstellte Leistungsgegenstand am Ende einer Iterationsschleife hinsichtlich des erhofften Mehrwerts untersucht. Wurden die Anforderungen im gewünschten Umfang umgesetzt oder wurden sie eventuell falsch interpretiert? Gibt es zusätzliche Anforderungen, die noch nicht berücksichtigt wurden? Haben sich womöglich die Rahmenbedingungen verändert, sodass neue Anforderungen hinzukommen oder frühere Anforderungen überarbeitet werden müssen? Am Review werden alle beteiligt. Auch der Auftraggeber oder weitere Stakeholder erhalten die Gelegenheit, das erstellte Inkrement zu begutachten und seine Wirkungsweise auszuprobieren. Insofern ist die reine Präsentation der Ergebnisse wenig zielführend. Vielmehr muss die

Umsetzung der Anforderungen getestet werden, um den Mehrwert des Inkrements beurteilen zu können. Wird ein Änderungsbedarf festgestellt, wird die Aufgabenliste für die weitere Projektarbeit angepasst.
- **Die Retrospektive zur Überprüfung des Prozessablaufs**
Neben der Qualität des erstellten Inkrements muss der Arbeitsablauf aus der zurückliegenden Iterationsschleife untersucht und gegebenenfalls optimiert werden. Dazu wird im Rahmen einer Retrospektive der Erstellungsprozess genau unter die Lupe genommen. Im Fokus stehen dabei die Qualität und die Effektivität der Aufgabenbearbeitung. Die Reflexion dient dazu, die Zusammenarbeit aller Teammitglieder zu bewerten, Probleme zu identifizieren und nach Lösungsansätzen zu suchen, damit aus den Fehlern der zurückliegenden Iterationsschleife für die nächste gelernt werden kann. Wie hätten die Abläufe besser organisiert werden können? Wo gab es Schwierigkeiten in der Zusammenarbeit? Lässt sich die Kommunikation verbessern? Wieso hatten wir kein gemeinsames Verständnis über die Zielsetzung? All diesen Fragen muss nachgegangen werden, damit der Prozess zur Wertschöpfung kontinuierlich verbessert werden kann.

> **» Konsequente Überprüfung und kontinuierliche Anpassung bilden die tragenden Säulen im Scrum-Framework.**

Bevor der iterative Prozess des Frameworks einmal ganzheitlich erläutert werden kann, muss noch das Projektteam genauer beschrieben werden. Welche Rollen gibt es im Scrum-Framework und wie unterscheiden sich diese von den Rollen in plangetriebenen Projekten? In der agilen Projektarbeit müssen schließlich Verantwortlichkeiten anders aufgeteilt und die Arbeitsteilung anders organisiert werden als in plangetriebenen Projekten, weil der Leistungsgegenstand zu Beginn des Projekts nicht feststeht. Einen Projektleiter, der die Verantwortung für die Fertigstellung der vertraglich zugesicherten Leistung übernimmt (Dechange, 2020, S. 47), kann es – wie bereits dargestellt – nicht geben. Damit ändert sich auch das Selbstverständnis aller Akteure, die mit Eigeninitiative selbstorganisiert, lernwillig und motiviert an die Arbeit gehen.

1.6.4 Drei Rollen im Scrum Team

Im Framework Scrum gibt es genau drei Rollen: Den Product Owner (PO), die Developer (Dev) und den Scrum Master (SM) (Sutherland, 2019, S. 28–32). Diese Rollen sowie die damit verbundenen Verantwortlichkeiten und die daraus resultierenden, unterschiedlichen Aufgaben sind im Scrum Guide sehr konkret beschrieben (Schwaber & Sutherland, 2020, S. 5). Im Gegensatz zu den Rollen im klassischen Projektmanagement gibt es dabei keinerlei hierarchische Struktur oder Weisungsbefugnisse. Die Projektbeteiligten agieren in ihren Rollen gemäß der untereinander getroffenen Vereinbarungen eigenverantwortlich und selbstbestimmt. Eine Personalunion für die Wahrnehmung unterschiedlicher Rollen ist nicht vorgesehen. Die jeweilige Verantwortlichkeit wird von den übrigen Projektmitgliedern respektiert.

- **Product Owner**
  Der Product Owner entwickelt die Produktvision. Er leitet sie aus dem Input ab, den er durch den direkten Austausch mit dem Auftraggeber und sonstigen Stakeholdern erhält, die vom Projektergebnis profitieren könnten. In Abhängigkeit von der Produktvision erstellt und überarbeitet er vor Beginn jeder Iterationsschleife eine Liste aller Aufgaben, die einen Mehrwert auf dem Weg zur Realisierung der Produktvision darstellen könnten. Anschließend bewertet und priorisiert er alle Aufgaben der erstellten Liste anhand ihres Wertschöpfungsbeitrags. Ergeben sich im Projektfortschritt nach der Begutachtung des geschaffenen Mehrwerts durch den Auftraggeber, aus dem hinzugewonnenen Erfahrungswissen des Teams oder veränderten Rahmenbedingungen neue Anforderungen an das Produkt, werden diese vom Product Owner in die Aufgabenliste, das sogenannte Product Backlog, aufgenommen und die Priorisierung entsprechend angepasst. Der Product Owner trägt die Verantwortung für das Produkt und seinen Mehrwert für den Auftraggeber.

- **Developer**
  Die Developer sind für die Durchführung der Iterationsschleife und die Erstellung des damit verbundenen Inkrements zuständig. Sie planen eigenständig, welche Aufgaben aus der Aufgabenliste in der bevorstehenden Iterationsschleife bearbeitet werden können. Dabei halten

sie sich an die jeweiligen vom Product Owner gesetzten Prioritäten. Als Ergebnis der Iteration erstellen die Developer ein funktionsfähiges Inkrement, das anschließend dem Auftraggeber übergeben und von ihm getestet sowie bewertet werden kann. Welches Zeitintervall für die Iteration gewählt wird, entscheiden die Developer eigenständig. Ein kurzes Zeitintervall schafft schnellen Mehrwert, begünstigt ein schnelleres Lernen und ist deshalb wünschenswert. Die Developer tragen die Verantwortung für die Funktionsfähigkeit des Inkrements.

- **Scrum Master**
Wenn die Verantwortung für das Produkt beim Product Owner liegt und die Developer eigenverantwortlich die Inkremente jeder Iterationsschleife erstellen, wozu gibt es dann noch einen Scrum Master? Er ist der Enabler – der Möglichmacher. In seiner Verantwortung liegt es, dem Developer-Team ein schnelles und effizientes Arbeiten zu ermöglichen. Er räumt alle Hindernisse und Hürden aus dem Weg, die eine Einschränkung für die Developer darstellen und sie von der bestmöglichen Performance abhalten, und schafft optimale Arbeitsbedingungen. Wenn nötig, ruft er das Transparenz-Gebot ins Gedächtnis, verweist auf den Lean-Thinking-Ansatz oder erinnert an die Scrum-Werte. Er hat keine Weisungsbefugnisse oder Entscheidungsgewalt. Er beobachtet das Team, die Zusammenarbeit sowie das Zeitmanagement und coacht bei Bedarf. Er sorgt für Akzeptanz in der Organisation und ist somit eher Servant Leader als Master. In seiner Verantwortung liegt es, das Framework zur vollen Entfaltung zu bringen.

Die Verwendung dieser Rollenbezeichnungen allein sorgt selbstverständlich nicht dafür, dass Mehrwert durch agile Projektarbeit geschaffen wird.

» Die Rollen im Scrum Framework sind klar definiert. Dennoch ist die Gefahr groß, dass den klassischen Rollen im plangetriebenen Projekt einfach eine Scrum-Bezeichnung übergestülpt wird.

Betitelt man den Projektleiter künftig als Scrum Master, wird dadurch längst kein agiler Ansatz verfolgt. Wird der Entwicklungsleiter kurzerhand in Product Owner umbenannt, weil es einfach dynamischer klingt, ist leider kein Stück Agilität gewonnen und der Projekterfolg stellt sich durch diese Form des Etikettenschwindels natürlich auch nicht wie von selbst ein.

Wichtig
- Der Product Owner trägt die Verantwortung dafür, dass das entwickelte Produkt den größtmöglichen Nutzen für den Auftraggeber hat.
- Developer organisieren die Projektarbeit eigenständig und zielorientiert. Sie tragen die Verantwortung für die Funktionsfähigkeit des Inkrements.
- Der Scrum Master ist der Enabler. Er sorgt für bestmögliche Rahmenbedingungen und ist verantwortlich dafür, dass das Framework seine Wirkung entfalten kann.

Werden die fünf Scrum-Werte als Orientierung für Denken und Handeln im Projekt zugrunde gelegt, verstehen alle Beteiligten die herausragende Bedeutung kontinuierlicher Überprüfung und Anpassung und werden die Rollen mit den entsprechenden Verantwortlichkeiten richtig interpretiert, kann die eigentliche Arbeit im Projekt beginnen.

1.6.5 Der iterative Prozess in Scrum: Artefakte und Events im Einsatz

Wie bereits dargestellt, eignet sich gerade in agilen Projekten eine iterative und inkrementelle Vorgehensweise. Dadurch wird in der Projektarbeit die enge Ausrichtung auf die Bedürfnisse des Auftraggebers sichergestellt. Die zu Beginn formulierte Vision lässt sich nur Stück für Stück konkretisieren und die Überprüfung des bereits erreichten Fortschritts sowie die Bewertung der bisherigen Arbeitsweise ermöglichen eine kontinuierliche Verbesserung des Projektergebnisses.

Ausgangspunkt der Projektarbeit mit Hilfe von Scrum ist die vom Product Owner erstellte Anforderungsliste, die er in Abhängigkeit von der Vision mithilfe des Inputs sämtlicher Stakeholder formuliert. Das sogenannte Product Backlog stellt im Scrum Framework eines von mehreren Artefakten dar (vgl. hierzu Abb. 1.8). Wie jedes Artefakt bildet es die Grundlage für das darauffolgende Event, das im Prozessverlauf zu einem weiteren Artefakt führt. Das Product Backlog enthält alle je nach Wertschöpfungsbeitrag priorisierten Funktionsanforderungen, die zur Umsetzung der Vision erforderlich sein könnten (Sutherland, 2019, S. 28–32).

Für den sich unmittelbar anschließenden iterativen Prozess – den Sprint – beraten und entscheiden die Developer im Rahmen des Sprint Plannings zunächst, wie viele der Anforderungen sie in der zur Verfügung stehenden Zeit umsetzen können und wollen. Der Product Owner erläutert dazu die einzelnen Product Backlog Items, konkretisiert, welche Zielsetzung mit jedem einzelnen Item verbunden ist und inwiefern es zu einem Mehrwert führt. Zusammen mit den Developern wird dadurch ein gemeinsames Verständnis in Bezug auf die Aufgabenstellung entwickelt. Da es Ziel des Sprints ist, jede einzelne der ausgewählten Aufgaben mit einem entsprechenden Qualitätsstandard fertigzustellen, ist die Einigung auf einen solchen Standard notwendig, ebenso wie ein gemeinsames Verständnis darüber, wann die Aufgabe als erledigt erachtet werden kann. Die sogenannte Definition of Done erfolgt einvernehmlich und der je Backlog-Item spezifisch vereinbarte Qualitätsstandard ist verpflichtend (Commitment). Er dient im Rahmen der Erprobung des fertiggestellten Inkrements als Grundlage der Überprüfung im Sprint Review (Schwaber & Sutherland, 2020, S. 13). Der Product Owner und die Developer beraten im Sprint Planning gemeinsam darüber, welche Einträge aus dem Product Backlog in das sogenannte Sprint Backlog übernommen werden sollen. Anschließend beinhaltet das Sprint Backlog für die Erstellung des Inkrements sämtliche Items, die in der nun beginnenden Iterationsschleife den Mehrwertzuwachs repräsentieren. Die Dauer des Sprints liegt im Framework Scrum zwischen einer und vier Wochen und wird von den Developern eigenständig festgelegt. Dabei gilt: je kürzer der Sprint, desto schneller wächst das Erfahrungswissen. Sobald die Aufgaben des Product Backlogs gemäß ihrer Priorität – also in Abhängigkeit vom größten Mehrwert – von den Developern in das Sprint Backlog übertragen wurden, entscheidet jeder einzelne eigenständig darüber, welche dieser Aufgaben er übernehmen und fertigstellen kann und dokumentiert für die übrigen Developer den jeweiligen Fertigstellungsgrad während des Sprints im Rahmen täglich stattfindender Abstimmgespräche (Daily). Dabei werden auch potenzielle Risiken, Hürden und Hindernisse thematisiert und etwaige Berührungspunkte zu anderen Aufgaben angesprochen und abgestimmt. Die Fokussierung auf das Sprintziel, eine eventuell notwendig gewordene Nachschärfung der Anforderungen und die Festlegung eines Plans für den anstehenden Projekttag stehen dabei jeweils im Vordergrund.

Mit dem Ende des Sprints wird auch das entwickelte Inkrement nach den definierten Qualitätsstandards fertiggestellt und zum Testen an den Auftraggeber übergeben. Im Rahmen des sich anschließenden Sprint Reviews werden die Ergebnisse vom gesamten Scrum-Team gemeinsam mit dem Auftraggeber begutachtet und diskutiert. Verbesserungsvorschläge und Erweiterungswünsche, die sich aus dem Sprint Review ergeben, führen zu einer Anpassung des Product Backlogs. Zusätzlich bewertet das Scrum-Team die eigenen Abläufe der zurückliegenden Iterationsschleife im Rahmen der sogenannten Sprint Retrospektive hinsichtlich der erreichten Qualität und Effektivität des Entwicklungsprozesses. Was hat in der Zusammenarbeit gut funktioniert? Was muss verbessert werden? An welcher Stelle hat man vielleicht sich selbst oder die Aufgabe falsch eingeschätzt? Die Erkenntnisse dieser Reflexion fließen dann ins nächste Sprint Planning ein, sodass mit jedem Sprint nicht nur der Mehrwert für den Auftraggeber wächst, sondern auch die Qualität der Projektarbeit.[2]

> **Wichtig**
> - Eine Iterationsschleife wird in Scrum mithilfe entsprechender Events initiiert, umgesetzt und abgeschlossen.
> - Arbeitsgrundlagen und -ergebnisse werden in Scrum als Artefakte bezeichnet.
> - Ein Inkrement bildet in Scrum die Erstellung des Mehrwerts ab, der im Rahmen der Projektarbeit für den Nutzer nach seinen Bedürfnissen und Anforderungen entwickelt wird.

Dieser iterative Entwicklungsprozess wird im Rahmen des Anwendungsworkshops durchgeführt und die einzelnen Schritte der Umsetzung eingeübt. Dabei läuft der Prozess im Zeitraffer. Liegt die Dauer

---

[2] An dieser Stelle wird auf die sehr umfangreich verfügbare und aufschlussreiche, weiterführende Literatur verwiesen: vgl. unter anderem (Wiechmann & Röpstorff, 2022, S. 215–290) oder auch (Rubin, 2014, S. 375–436).

eines Sprints üblicherweise bei vier Wochen, steht im Workshop viel weniger Zeit zur Verfügung. Dauert das Sprint Planning normalerweise einen Tag, bietet der Workshop hierfür nur wenige Minuten. Deshalb wird im Rahmen des Workshops auf die Durchführung entsprechender Dailies verzichtet. Die Dokumentation des Arbeitsfortschritts wird ausschließlich mit Hilfe eines entsprechenden Boards visualisiert. Hindernisse, Hürden und Arbeitsweisen können deshalb ausnahmsweise nur in der Retrospektive thematisiert werden.

1.7 Ist ein hybrider Ansatz denkbar?

Wie bereits dargestellt, ist die Zusammenführung eines klassisches Projektmanagements für plangetriebene Projekte mit dem selbstorganisierten Arbeiten in agilen Frameworks wenig sinnvoll, da sich die Umsetzung in den unterschiedlichen Projektformen entweder am festgesetzten Leistungsumfang ausrichtet oder am bereitgestellten Budget samt zeitlicher Vorgabe zur Realisierung einer Vision. Eine Verschmelzung wertgetriebener und plangetriebener Projekte zu einem hybriden Ansatz ist daher nicht möglich.

Nichtsdestotrotz lassen sich einzelne Tools, wie beispielsweise Boards zur Visualisierung einzelner Vorgänge und Bearbeitungsstände, ebenso sinnvoll in plangetriebenen Projekten wie in agilen Frameworks einsetzen. Die Verständigung auf gemeinsame Werte in der Zusammenarbeit sowie eine transparente Entscheidungsfindung tragen mit Sicherheit auch in solchen Projekten maßgeblich zum Erfolg bei, die durch einen vertraglich zugesicherten Leistungsgegenstand gekennzeichnet sind. Eine offene und gegenseitig wertschätzende Kommunikation sollte natürlich nicht allein agilen Projekten vorbehalten bleiben. Insofern lassen sich einzelne Aspekte aus einem Framework wie Scrum durchaus auf plangetriebene Projekte übertragen.

Wie die bisherigen Ausführungen aber hoffentlich verdeutlicht haben, wird ein Projekt nicht agil, nur weil der verantwortliche Projektmanager künftig lieber Scrum Master genannt oder der Projektstrukturplan mit einem Product Backlog verwechselt wird.

Hybride Ansätze haben immer dann ihre Berechtigung, wenn bisher rein sequenzielle Vorgehensweise zur Verbesserung der Kommunikation mit dem Auftraggeber durch iterative Schleifen ergänzt werden oder zur Vermeidung von Missverständnissen hinsichtlich der formulierten Anforderung inkrementell gearbeitet wird, um Fehlentwicklungen in der Projektarbeit zu vermeiden (verwiesen sei hier beispielsweise auf das V-Modell in Abschn. 1.2.3).

Dies zu vermitteln, bevor ein Workshop auf Basis des agilen Frameworks Scrum durchgeführt werden kann, ist unbedingt notwendig. Andernfalls wird die Komplexität agilen Arbeitens sowie die hohe Anforderung an die Developer im Framework Scrum womöglich unterschätzt und das Einüben der anspruchsvollen Arbeit in agilen Projekten als wesentliches Ziel des Workshops verfehlt.

Literatur

Aghina, W., Handscomb, C., Ludolph, J., West, D., & Yip, A. (2019, Januar). *Scrum.Org.* https://www.scrum.org/resources/how-select-and-develop-individuals-successful-agile-teams-practical-guide. Zugegriffen am 11.04.2024.

Aichele, C. (2006). *Intelligentes Projektmanagement.* Kohlhammer.

Anderson, D. J. (2011). *Kanban, evolutionäres change management für IT-Organisationen.* dpunkt.verlag.

Atkinson, R. (1999). Project management: Cost, time and quality, two best guesses and a phenomenon (Ausgabe 17). *International Journal of Project Management, 17*(6), 337–342.

Beck, K., Beedle, M., van Bennekum, A., Cockburn, A., Cunningham, W., Fowler, M., & Thomas, D. (2001). *Agiles manifest.* https://agilemanifesto.org/. Zugegriffen am 19.03.2024.

Boehm, B. (1988, Januar 5). A spiral model of software development and enhancement. *Computer, 21*(Nr. 5), 61–72.

Boehm, B. W. (1983). Seven basic principles of software engineering. *Journal of Systems and Software, 3*(1), 3–24. https://doi.org/10.1016/0164-1212(83)90003-1

Dechange, A. (2020). *Projektmanagement schnell erfasst.* Springer Gabler.

Deutsche Gesellschaft für Projektmanagement e.V., G. (2023). *Projektifizierung 2.0 Zweite Makroökonomische Vermessung der Projekttätigkeit in Deutschland.* UVK.

Guest, D. (1991, September 17). Managers in focus as the skills gap closes – The hunt is on for the Renaissance Man of computing. *The Independend.*

Hansen, H. R., Mendling, J., & Neumann, G. (2019). *Wirtschaftsinformatik: Grundlagen und Anwendungen* (12., völlig neu bearb. Aufl.). De Gruyter.

Hengst, B., Hämäläinen, J., Kwasniewski, N., Lutteroth, J., Gnirke, C., Seidler, C., . . . van Hove, A. (2016, Juni 1). *Spiegel.de.* https://www.spiegel.de/wirtschaft/gotthard-tunnel-der-laengste-eisenbahntunnel-der-welt-a-1094521.html. Zugegriffen am 11.04.2024.

Kaune, A. (2010). Moderne Organisationsentwicklung – ein Konzept zur mitarbeiterorientierten Gestaltung von Veränderungsprozessen. In K. A. (Hrsg), *Change Management mit Organisationsentwicklung; Veränderungen erfolgreich durchsetzen* (S. 11–65). Schmidt.

Kaune, A., Glaubke, N., & Hempel, T. (2021). *Change Management und Agilität – Aktuelle Herausforderungen in der VUCA-Welt.* Springer Gabler.

Leffingwell, D. (2011). *Agile software requirements: Lean requirements for teams, programs and the enterprise.* Addison-Wesley. Agile software development series.

Ludewig, J., & Lichter, H. (2023). *Software-Engineering: Grundlagen, Menschen, Prozesse, Techniken* (4., überarb. u. erw. Aufl.). dpunkt.verlag.

Lüninghöner, P. (2024). Vordenker*innen der Organisationsentwicklung: Die ungleichen Väter von Scrum haben IT-Projekte und Organisationen verändert. In H. M. GmbH (Hrsg.), *Zeitschrift für Organisationsentwicklung* (3), 107–111. https://www-wiso-net-de.ezp.hs-duesseldorf.de/document/ZOE__a46779ebb781659fb2974f25906c05e8f902cd6d. Zugegriffen am 02.08.2024.

Maehrlein, K. (2020). *Wie Agilität gelingt.* Gabal.

Maxwell, C. (2014). *Maintaining teams in a complex state: A reinterpretation of Stacey's complexity matrix and the implications for leadership.*

Meyer, H., & Reher, H.-J. (2020). *Projektmanagement: Von der Definition über die Projektplanung zum erfolgreichen Abschluss* (2. Aufl.). Springer Gabler.

NAD. (2007, April 27). *Die Bundesversammlung – Das Schweizer Parlament.* 2. Ordentliche Tagung der NEAT-Aufsichtsdelegation. https://www.parlament.ch/press-releases/Pages/2007/mm_2007-04-27_95197_01.aspx. Zugegriffen am 18.03.2024.

Project Management Institute, P. (2021). *Pulse of the profession 2021.* PMI.

Rubin, K. S. (2014). *Essential scrum, Umfassendes Scrum-Wissen aus der Praxis.* mitp.

Schein, E. H., & Schein, P. (2018). *Unternehmenskultur und Leadership* (5. Aufl.). Franz Vahlen.

Schwaber, K., & Sutherland, J. (2020). *Scrum guide.* https://scrumguides.org. Zugegriffen am 13.10.2024.

Schwarzer, B., & Krcmar, H. (2014). *Wirtschaftsinformatik: Grundlagen betrieblicher Informationssysteme* (5., überarb. Aufl.). Schäffer-Poeschel.

Stacey, R. D. (1996). *Strategic management and organisational dynamics* (2. Aufl.). Pitman Publishing.

Sutherland, J. (2019). *Das Scrum-Praxisbuch.* Campus.

Wiechmann, R., & Paradiek, L. (2020). *Agile Werte leben.* dpunkt.verlag.

Wiechmann, R., & Röpstorff, S. (2022). *Scrum in der Praxis, Erfahrungen, Problemfelder und Erfolgsfaktoren* (3. Aufl.). dpunkt.verlag.

2

Vorbereitungen für den Workshop

Zusammenfassung Aus Faktenwissen soll Erfahrung im agilen Kontext entstehen. Dazu sind einige Vorüberlegungen sowie eine gute Vorbereitung auf das kompakte Workshop-Format notwendig. In der Interaktion mit den Teilnehmern bleibt wenig Zeit für Spontanität, wenn es um den Einsatz geeigneter Tools und Methoden geht. Die Zielsetzung muss also klar formuliert und die Workshop-Planung daran ausgerichtet werden, damit nicht das Erklären, sondern das Erleben agiler Arbeitsweisen im Mittelpunkt steht. Sind die Möglichkeiten bei der Raumauswahl limitiert, ist es hilfreich, die entscheidenden Anforderungen zu kennen. Dieses Kapitel bietet deshalb einen Überblick über sinnvolle Tools, die als Mindestanforderungen zu verstehen sind, damit Teilnehmer die Arbeitsweisen und Planungsprozesse angemessen erproben können. Darüber hinaus gibt es Anregungen zu geeigneten Materialien sowie eine Empfehlung zur Entwicklung des Product Backlogs, das vorbereitet zu Beginn des komprimierten Workshop-Formats bereitgestellt wird.

2.1 Überlegungen im Vorfeld

Wenn Erlerntes über Verstehen hinausgehen und in neuen Situationen eigenständig anwendbar werden soll, muss auch das Lernen einen anderen Weg nehmen. Wer Inhalt vermitteln und gleichzeitig den Erwerb von Handlungskompetenz fördern will, muss Rahmenbedingung schaffen, die es dem Lernenden ermöglichen, sich Kontext eigenständig zu erarbeiten, die Konsequenzen des eigenen Handelns zu erkennen und Verhalten adäquat anzupassen.

> „Die Kunst der guten Lehre liegt in der Balance zwischen Darlegen von Wissen und Ermöglichen von praxisbezogenen Erkenntnissen sowie in der Begleitung bei Selbstlernprozessen".[1]

Der Begriff des projektorientierten Lernens wurde bereits Mitte der 1930er-Jahre im Rahmen der Diskussion um die Reform lern- und bildungstheoretischer Ansätze von den beiden Pädagogen Dewey und Kilpatick geprägt (Der Projekt-Plan: Grundlegung und Praxis, 1935). In den 1970er-Jahren verbreitete sich dieser Ansatz, bei dem der Lernende aktiviert und nicht geschult werden soll, auch zunehmend im deutschsprachigen Raum. In dieser Lernform soll ein problemorientiertes, interdisziplinäres und exemplarisches Lernen und Anwenden mit hohem Theorie-Praxis-Bezug im Team eingeübt werden (Rummler, 2012, S. 14–29). Die Ergebnisse einer Metaanalyse von Chen & Yang (2019, S. 72) zeigen, dass die Anwendung von Wissen zur Problembehebung im projektbasierten Lernen für Lernende einen signifikanten Mehrwert bietet. Insofern dürfte ein Lernangebot in Form eines Workshops zum Thema Scrum, in dem eine konkrete Anwendungsaufgabe gemeinsam im Team realisiert werden soll, durchaus geeignet sein, um Lernerfahrungen im Bereich agiler Frameworks zu vertiefen, Wissen nachhaltig zu verankern und praktische Erfahrungen zu sammeln.

---

[1] (Pfäffli, 2015, S. 203).

Im Projektalltag, in der betrieblichen Bildungsarbeit, generell in Organisationen sowie in der Lehre an Hochschulen sind digitale Tools wie MS Teams und ähnliche Kommunikationsmedien in der kooperativen Zusammenarbeit kaum noch wegzudenken. Eine Studie von Gordillo et al. (2024) hat mittlerweile auch eine effektive Vermittlung von Faktenwissen zum Thema Scrum mithilfe virtueller Technologie nachgewiesen. Dennoch spielt der analoge Lernraum beim Erwerb nachhaltiger Kompetenzen nach wie vor eine wichtige Rolle (Stang, 2017, S. 32–33). Daher ist die Wahl einer analogen Workshop-Umsetzung verbunden mit physischer Präsenz in entsprechenden Räumlichkeiten (Lern- und Arbeitsmaterialien eingeschlossen) ein in mehrerer Hinsicht herausforderndes, aber lohnendes Format. So kann die interaktive und gruppendynamische Kollaboration als interdisziplinäres Arbeiten durch aktives Handeln ganzheitlicher als in Breakout Rooms von MS Teams erlebt werden.

> **Wichtig**
> - Projektorientiertes Lernen fördert den Kompetenzerwerb.
> - Physische Präsenz unterstützt die kollaborative Zusammenarbeit und Interaktion im agilen Kontext.

Um den Workshop-Teilnehmern sinnvolle Rahmenbedingungen und ein praxisbezogenes Lernerlebnis und damit hoffentlich einen entsprechenden Lernerfolg zu ermöglichen, sollte sich jeder, der sich an die Umsetzung eines solchen Workshops macht, im Vorfeld die konkrete Zielsetzung noch einmal klar vor Augen führen, damit er alle weiteren Vorbereitungen und Planungen daran ausrichten kann.

2.1.1 Zielsetzung des Workshops

Der Anwendungsworkshop richtet sich an alle, die Interesse an agilen Frameworks haben, sich entsprechende Fähigkeiten im Umgang mit Scrum aneignen und die Vorteile dieser Arbeitsweise erleben möchten. Dabei steht der Einsatz entsprechender Methoden zur Arbeitsorganisation sowie die Verwendung geeigneter Werkzeuge im Vordergrund. Eine kurzfristige

Veränderung der eigenen Arbeitseinstellung oder die Entwicklung eines agilen Mindsets kann das Workshop-Format indes nicht leisten, im Idealfall hierzu jedoch vielleicht die ersten Impulse liefern. Durch die Lernerfahrung wird die Notwendigkeit dieser informellen Aspekte agilen Arbeitens hoffentlich sichtbar. Wird der Nutzen agiler Frameworks spürbar und entwickeln die Teilnehmer im Rahmen des Workshops eine Vorstellung davon, wie sich diese Arbeitsweisen auf eigene Projekte übertragen lassen, werden am Ende des Workshops vielleicht bisher eingeübte Arbeits- und Verhaltensmuster hinterfragt und stückweise angepasst.

> » Ziel ist es, die agile Organisation von Projektarbeit einzuüben.

Den Teilnehmern wird durch eigenes Handeln verdeutlicht, wie die Planung einer Iterationsschleife im Scrum Framework von statten geht und welche Tools dabei hilfreich sind. Sie sollen erleben, welche Rolle Developer und Scrum Master einnehmen, welche Aufgaben damit verbunden sind und welche Schwierigkeiten beispielsweise bei der Einschätzung der eigenen Leistungsfähigkeit, bei der Priorisierung von Items oder im eigenen Zeitmanagement entstehen können. Sie erfahren, was eigenverantwortliches Arbeiten bedeutet und dass es durchaus eine Herausforderung darstellt, den Fokus nicht zu verlieren. Mit jeder Iterationsschleife werden die Lernenden feststellen, dass das Erfahrungswissen wächst, die Abläufe effizienter werden und die Zusammenarbeit besser funktioniert, weil jeder Sprint auch eine Reflexion beinhaltet.

Die Komplexität der Projektaufgabe ist dabei so zu wählen, dass sie als Vision, nicht aber als festgeschriebener Leistungsgegenstand formuliert werden kann. Wie das gelingen kann, wird in Abschn. 2.3.1 ausgeführt. Dabei ist die Umsetzung dieser Vision ausschließlich durch Zeit und Budget limitiert. Die Arbeit endet, wenn die geplante Zeit des Workshops abgelaufen ist. Hinsichtlich einer Budgetierung spielt der wirtschaftlicher Erfolg der Projektarbeit im Workshop ausnahmsweise keine Rolle. Nichtsdestotrotz entstehen durch die Vorbereitung des Workshops entsprechende Material- und Arbeitszeitkosten. Durch die Workshop-

Teilnahme entstehen kostenrelevante Ausfallzeiten sowie eventuell weitere Kosten durch Anreise und Unterbringung, die bei der Workshop-Planung berücksichtigt werden müssen.

> **» Beim Lernen im Workshop ist der Weg das Ziel.**

Nicht die fertiggestellte Lösung der Workshop-Aufgabe steht im Mittelpunkt. Es geht um die Erkenntnisse, die auf dem Weg dorthin entstanden sind. Sie lassen sich auf reale Projekte übertragen, die im Anschluss in Angriff genommen werden.

Damit die beschriebenen Lernziele erreicht werden können, müssen im Vorfeld geeignete Werkzeuge vorbereitet, unterschiedliche Materialien beschafft, geeignete Räumlichkeiten gefunden und ausgestattet werden. Doch zunächst lohnt ein Blick auf die Rahmenbedingungen, unter denen der Workshop vermutlich stattfinden wird.

2.1.2 Rahmenbedingungen für die Durchführung

Von lernwilligen und motivierten Teilnehmern darf wohl ausgegangen werden. Dennoch gibt es eine Reihe von Rahmenbedingungen, die bei der Vorbereitung für die spätere Durchführung beachtet werden sollten.

- **Die Teilnehmer und ihre Rolle im Workshop**
  Die Vorkenntnisse sowie der Motivationshintergrund der Teilnehmer dürfte vermutlich unterschiedlich sein. Während manche über einschlägige Erfahrung in plangetriebenen Projekten verfügen, sind andere Teilnehmer eventuell noch nicht vertraut mit Projektarbeit im Allgemeinen und agiler Arbeitsweise im Besonderen. Sie erhoffen sich jedoch alle einen signifikanten Erkenntnisgewinn durch ihre Workshop-Teilnahme. Während manche neugierig sind und ohne konkreten Bezug das Framework Scrum kennenlernen wollen, stehen andere eventuell vor der konkreten Herausforderung ein wertgetriebenes Projekt agil zu realisieren. Womöglich wurden bei frühe-

ren Projekten bereits Tools eingesetzt, die auch in agilen Frameworks genutzt werden, deren Einsatz in einem plangetriebenen Ansatz die erhoffte Wirkung aber verfehlt hat. Bei einer derart heterogenen Zusammensetzung der Teilnehmergruppe ist es umso wichtiger, dass ein einheitliches Faktenwissen im Vorfeld geschaffen und die Zielsetzung des Workshops klar kommuniziert wird. Handelt es sich bei den Teilnehmern um Studierende, muss davon ausgegangen werden, dass weder Projekterfahrung noch entsprechendes Fachwissen zum Thema Scrum vorausgesetzt werden kann. In diesem Fall ist die fundierte Vermittlung der konzeptionellen Grundlagen besonders wichtig.

Neben der Heterogenität ist die Anzahl der Teilnehmer für eine erfolgreiche Durchführung des Workshops von Bedeutung. Finden sich zu wenig Interessierte, reichen die geplanten Iterationsschleifen kaum für die Entstehung entsprechender Inkremente aus. Ist die Anzahl der Teilnehmer für ein Team zu groß, leidet die Reflexion am Ende eines Sprints, die für die Lernerfahrung essenziell ist. Es stellt sich also die Frage, wie viele Lernwillige sinnvoll an diesem geplanten Workshop-Format teilnehmen können. Aus meiner Erfahrung ist die Skalierbarkeit begrenzt. Wenn die Überprüfung der eigener Arbeitsweisen (Inspect) zur Anpassung der Prozessgestaltung (Adapt) eingeübt und für die Teilnehmer dieser Vorgang im Rahmen einer Sprint Retrospektive erlebbar gemacht sowie ernsthaft ein Sprint Review durchgeführt werden soll, lautet die Antwort auf die Frage „wie viele Teams?": eins.[2]

Das Team sollte aus mindestens drei und gemäß Scrum Guide maximal acht Developern sowie einem Scrum Master bestehen. Die Rolle des Product Owners wird nicht vergeben, denn seine Aufgaben übernimmt derjenige, der den Workshop leitet.

Falls im Workshop nicht nur die agile Arbeit im Rahmen einer Iterationsschleife, sondern zudem die Entstehung eines Product Backlog thematisiert werden soll, wird eine Ergänzung dieser Rollenverteilung in Abschn. 2.3.3 und eine entsprechende Variante der Workshop-Durchführung in Abschn. 3.3 thematisiert.

---

[2] Einen alternativen Large Scale Scrum-Ansatz verfolgt Krivitsky (2023), auf den an dieser Stelle verwiesen sei.

- **Die Räumlichkeiten**
  Das Entwickeln, das Bauen und das Konstruieren – die interaktive Verwirklichung einer Vision – sollen im Workshop zur Entwicklung von Handlungskompetenz führen. Deshalb muss der Workshop-Raum für diese Aktivitäten entsprechende Möglichkeiten bieten. Platz und Bewegungsfreiheit, flexibel einsetzbares Equipment und veränderbares Inventar sind schließlich notwendig, um agiles Arbeiten umsetzen zu können (Gerstbach, 2021, S. 39–44). Ist der Raum eher klein und eine flexible Anordnung von Arbeitstischen nicht möglich, bietet er wenig nutzbare Wand- oder Fensterflächen für das Aufhängen von Plakaten und sind Whiteboards oder Flipchart-Ständer nicht vorhanden, dann ist er kaum nutzbar für das geplante Workshop-Format. Die Suche nach geeigneten Räumlichkeiten sollte also unbedingt frühzeitig erfolgen. Konkrete Anforderungen sowie Hinweise dazu, wie Lernorte für den Workshop gestaltet und vorbereitet werden können, werden im Abschn. 2.4 dargestellt.
- **Die Zeit**
  Einen eintägigen Workshop im Terminkalender unterzubringen, dürfte eigentlich keine große Herausforderung darstellen. Die intensive Vorbereitung der Teilnehmer auf den Workshop hingegen schon. Schließlich muss das Faktenwissen sitzen, bevor daraus praktisches Handeln abgeleitet und Erfahrung gesammelt werden kann. Um im Vorfeld entsprechende Wissenslücken zu schließen, stehen über Plattformen wie beispielsweise Udemy oder LinkedIn Learning eine Reihe interaktiver Selbstlernkurse zu den in Kap. 1 dargestellten Themen zur Verfügung, die den Teilnehmern eine entsprechende Vorbereitung ermöglichen. Sie können sich damit selbstbestimmt, je nach zeitlicher Verfügbarkeit und individuellem Bedarf, das notwendige Vorwissen aneignen. Die Fähigkeit zur Selbsteinschätzung, welches Faktenwissen noch benötigt wird, sowie ein entsprechendes Maß an Selbstdisziplin sollten ja ohnehin Grundvoraussetzung für agiles Arbeiten sein. Eine eigenständige Vorbereitung im selbst gewählten Tempo ist gerade unter Berücksichtigung der Individualität des Lernens sinnvoll (Pfäffli, 2015, S. 21–27). Alternativ kann ein zweiter Termin dem Workshop vorgelagert werden, um das notwendige Grundwissen in einer eher klassischen Lehrsituation zu vermitteln.

In Arbeitswelten, die von virtuellen Meetings und Home-Office geprägt sind, ist es womöglich dennoch eine kleine Herausforderung, mehrere Teilnehmer zu einem gemeinsamen Termin an einem Ort zusammenzubringen.

Wird der Workshop im Rahmen eines Studiums angeboten, ist die Terminsuche vermeintlich nicht so herausfordernd. Allerdings empfiehlt es sich auch hier, der zeitlichen Planung Beachtung zu schenken. Schließlich sind Studienverlaufspläne aufgrund ihrer modularen Struktur meist eng getaktet und bieten eher selten die Gelegenheit eine eintägige Blockveranstaltung in der Semesterplanung problemlos unterzubringen.

- **Die Organisationskultur**
Projektiertes Arbeiten bietet durch seine innovativen und kreativen Tätigkeiten in der Regel einmalige Vorgangsstrukturen sowie eine Aufbauorganisation außerhalb der regulären Managementhierarchien eines Unternehmens (Aichele, 2006, S. 30). Deshalb dürfen auch für den Workshop ungewohnte Arbeitsabläufe eingeführt und neue Wertevereinbarungen zwischen den Workshop-Teilnehmern getroffen werden. Dabei sollte berücksichtigt werden, dass ein entsprechender Veränderungsprozess bezogen auf die agilen Werte und Prinzipien in den Unternehmen häufig noch nicht stattgefunden hat und eine entsprechende Organisationskultur noch nicht ausreichend entwickelt ist. Wiechmann und Röpstorff (2022, S. 5–10) weisen zurecht darauf hin, dass einer solch grundlegenden Voraussetzung agilen Arbeitens allzu oft in Unternehmen nur wenig Bedeutung beigemessen wird. Ist also eine entsprechende Organisationskultur bei den Teilnehmern noch nicht ausreichend eingeübt, kann es auch in der Zusammenarbeit innerhalb des Workshops holprig werden. Dann ist es Aufgabe des Scrum Masters die Wertvorstellungen des Frameworks ins Gedächtnis zu rufen und durch entsprechende Anregungen erlebbar zu machen.
Findet der Workshop als Lehrveranstaltung im Rahmen eines Studiums statt, findet auch hier in der Regel ein Kulturwechsel zumindest für die Dauer des Workshops statt. Die geteilte Verantwortung für den Lernerfolg und eine Kommunikation auf Augenhöhe, wie von Pfäffli (2015, S. 103–106) als lernwirksames Lehrverfahren beschrieben, ist längst noch nicht in allen Hörsälen zu finden. Und so sind auch bei

Workshop-Teilnehmern aus dem Hochschulumfeld die entsprechenden Wertvorstellungen und Prinzipien vermutlich noch nicht ausreichend eingeübt. Und nicht zuletzt könnte die selbstbestimmte Zusammenarbeit im Anwendungsworkshop auch für den Lehrenden an Hochschulen eine neue Erfahrung sein. Als Product Owner ist er gleichberechtigtes Mitglied im Scrum-Team und agiert kollaborativ, um ein gemeinsames Projektziel zu verwirklichen.

Auf eine wirksame Veränderung der Organisationskultur aufgrund der Durchführung eines einzelnen Workshops zu hoffen, wenn entsprechende Wertevorstellungen und Arbeitsweisen nicht bereits etabliert sind, ist allerdings vermessen. So kann das Workshop-Format allenfalls einen Denkanstoß liefern und einen länger andauernden Veränderungsprozess ins Gang setzen.

> **Fazit**
>
> Die heterogen zusammengesetzte Teilnehmergruppe mit ungleichem Vorwissen, verschiedenen Zielsetzungen und Erwartungen stellt eine Herausforderung dar, der mit guter Vorbereitung und klarer Kommunikation zu begegnen ist. Die Termin- und Raumplanung benötigt bei einem analog ausgerichteten Konzept entsprechenden Vorlauf und sollte dennoch in Kauf genommen werden, um ein entsprechendes Lernerlebnis zu schaffen. Die für agile Frameworks notwendige Organisationskultur ist meist noch nicht ausreichend gut etabliert und darf somit nicht als selbstverständlich vorausgesetzt werden.

2.1.3 Kompetenz erwerben vs. Teilnahme bescheinigen

Das Ausstellen von Zertifikaten und Leistungsnachweisen nach dem Besuch eines Weiterbildungsangebots ist durchaus übliche Praxis. Schließlich bestätigen derartige Bescheinigungen einen vermeintlichen Lernerfolg, verleihen einen entsprechenden Status oder dienen in einem Bewerbungs- und Selektionsverfahren als entscheidendes Kriterium (Pfäffli, 2015, S. 267).

In einem Workshop, der als innovative Lernform eine hierachiefreie Kommunikation ermöglichen will (Rummler, 2012, S. 17 ff.) und in der die Lernenden motiviert werden, ihr eigenes Handeln durch eine entsprechende Reflexion eigenständig zu verbessern, ist eine Bewertung des erreichten Zustands am Ende des Workshops eher nachrangig, weil der individuelle Lernprozess im Vordergrund steht. Eine solche Bewertung des Lernerfolgs durch den Workshop-Leiter ist auch schlicht nicht möglich. Denn es geht um das Anleiten und Begleiten einer Learning Journey, deren Erfolg nicht durch den Lernbegleiter beurteilt werden kann. Liegt die Motivation der Teilnehmer im Erhalt eines Zertifikats, ist die Zielsetzung des Workshops ohnehin verfehlt. Die Bewertung, ob eine entsprechende Kompetenz im Rahmen des Workshops erworben werden konnte, kann folglich ausschließlich der Workshop-Teilnehmer selbst beurteilen. Nichtsdestotrotz können die Zielsetzungen und Inhalte des Workshops inklusive der verwendeten Methoden und Tools sowie die Anwesenheit (und somit der Nachweis über die verwendete Arbeitszeit) mit einer entsprechenden Teilnahmebescheinigung dokumentiert werden.

2.1.4 Der Einsatz von Lego® Serious Play® im Workshop

Der Einsatz von Lego® zur Vermittlung von Lerninhalten ist nicht neu (Seidl, 2018). Seit vielen Jahren wird beispielsweise zur spielerischen Einführung in die Programmierung Lego® Mindstroms® verwendet, um mit Hilfe vertrauter Arbeitsmaterialien neue Lernerlebnisse zu schaffen und Kompetenzen aufzubauen. An dieser Stelle sei auch auf den hilfreichen Content zur Arbeitsmethode Lego® Serious Play® von Seidl (Lego® in Higher Education, o. J.) verwiesen. Das zugrundeliegende didaktische Konzept ist nicht nur für den Einsatz in Hochschulen geeignet. Seit ich diese Methode vor einigen Jahren im Rahmen einer didaktischen Weiterbildung kennenlernen durfte, habe ich den Ansatz mehrfach im Rahmen von Lehrveranstaltung zur angeleiteten Visualisierung abstrakter Konzepte eingesetzt (Lehmann, 2022) und die Vorteile zu schätzen gelernt. Steghöfer et al. heben in ihrer 2017 durchgeführten Analyse eines mit Hilfe von Lego® durchgeführten Workshop-Formats im Scrum-Kontext insbesondere den Kommunikationsaspekt in diesem Lernansatz hervor

(Steghöfer et al., 2017). Wenn Handlungskompetenz durch einen eigenverantwortlichen Lernprozess entsteht, bei dem der Lernende reale, komplexe Vorhaben realisieren soll (Edelmann & Wittmann, 2019, S. 208), was wäre dann besser geeignet als ein Baustoff mit dem sehr schnell und kreativ konstruiert werden kann und mit dem nahezu jeder schon einmal in Kontakt gekommen ist.

> Selbst diejenigen, die bisher noch wenig Berührungspunkte mit Lego® hatten, können intuitiv und somit innerhalb kürzester Zeit mit den Bausteinen arbeiten, um konkrete Aufgaben zu lösen.

Natürlich beschränken die vorgegebenen Formen der Lego®-Bausteine im Vergleich zu anderen Materialien in mancherlei Hinsicht eine kreative Umsetzung. Da jedoch in zeitlich eng getakteten Sprints ein schneller Konstruktionsfortschritt im Rahmen des Workshops notwendig ist, überwiegt wohl das Argument des unkomplizierten Umgangs. Und so können auch diejenigen in die Erstellung eines Inkrements aktiv eingebunden werden, die sich womöglich die Verwendung abwechslungsreicherer Kreativmaterialien nicht ohne Weiteres zutrauen würden.

Wichtig
- Lego®-Steine bieten allen Beteiligten einen schnellen und unkomplizierten Einstieg in eine kreative und kurzfristig umsetzbare Realisierung einer Vision.
- Sinnvoll eingesetzt, bietet Lego® Serious Play® Rahmenbedingungen für eine Lernerfahrung, die über den spielerischen Einsatz von Bausteinen hinausgeht.

Konkrete Empfehlungen zu geeigneten Arbeitsmaterialien von Lego®, die im Workshop eingesetzt werden können, sind nachfolgend näher beschrieben.

2.2 Material auswählen und beschaffen

Warum eine Produktentwicklung mit Hilfe von Lego® hilfreich und empfehlenswert ist, wurde bereits dargelegt. Im Rahmen der Vorbereitung sollte nun aber noch entschieden werden, welche konkreten Lego®-Bausätze zum Einsatz kommen.

> **Die Auswahlmöglichkeiten sind vielfältig, interne Beschaffungsprozesse womöglich eine Herausforderung und die Lieferzeiten einzelner Sets eventuell eine Überraschung.**

Die nachfolgend beschriebene Auswahl an Lego®-Sets ist natürlich nur eine von vielen Möglichkeiten. Jeder Workshop-Leiter sollte sich am besten selbst einen Überblick über die aktuell verfügbaren Sets und Einsatzmöglichkeiten verschaffen.

Maßgeblich für die Wahl der Lego®-Steine, die zur Umsetzung der Produktvision genutzt werden, sollte die möglichst flexible Einsetzbarkeit der Bausteine sein, damit sie eine Vielzahl von Variationsmöglichkeiten erlauben. Nicht nur einfache Steine, sondern auch Verbindungsstücke, Sonderformen, Figuren und eine Vielzahl an Farben und Größen, sollten den Teilnehmern im Workshop zur Umsetzung angeboten werden. Zudem sollte eine genügend große Anzahl an Steinen für die geplante Teilnehmergruppe vorhanden sein, damit keine unnötigen Materialengpässe in der Realisierungsphase entstehen. Das Basis-Set der Lego® Serious Play®-Serie (Lego, o. J.-b. Identity and Landscape Set, Artikelnr. 2000430) bietet dabei mit 2800 Steinen eine umfangreiche Auswahl und ist für den Einsatz im Scrum-Kontext durchaus empfehlenswert. Darüber hinaus können weitere Sets (zum Beispiel (Lego, o. J.-a. Großes Kreativ-Bauset, Artikelnr. 11030)), mit weiteren 1500 bis 2000 Teilen die Lego® Serious Play®-Serie ergänzen, damit genügend Arbeitsmaterial zur Produktentwicklung für die Teilnehmer zur Verfügung steht.

2 Vorbereitungen für den Workshop

Im Rahmen der Workshopvorbereitung empfiehlt es sich, die gelieferten Sets zu öffnen und die Bausteine aus den Umverpackungen zu entnehmen, um diese Zusatzarbeit im engen Zeitfenster des Workshops zu vermeiden.

Zusätzlich zur Beschaffung der Steine wären auch entsprechende Ordnungssysteme für die Lego®-Steine (wie in Abb. 2.1 dargestellt) sinnvoll, damit eine grobe Sortierung der Steine vor dem Workshop vorgenommen werden kann. Dadurch wird die Auffindbarkeit einzelner Steine gesteigert und somit die Nutzung im engen Zeitfenster des Sprints erleichtert. Denkbar und didaktisch durchaus sinnvoll wäre ebenfalls, die nicht optimalen Arbeitsbedingungen durch Berge von Lego®-Steinen im ersten Sprint bewusst eskalieren zu lassen und die mangelnde Auffindbarkeit der Steine als Hemmnis in der Produktentwicklung (Impediment) der Lernerfahrung der Developer zu überlassen. Womöglich entsteht im Rahmen der Retrospektive die Erkenntnis, dass eine Vorsortierung der Arbeitsmaterialien das Bauen und Konstruieren effizienter machen würde. Der Scrum Master könnte als Möglichmacher optimaler Arbeitsbedingungen für eine entsprechende Sortierung sorgen. Auch für diesen Fall wäre es sinnvoll, im Vorfeld entsprechende Ordnungssysteme zu beschaffen, um sie dann bei Bedarf im Workshop bereitstellen zu können.

Die Bausteine sind aber nicht die einzigen Arbeitsmaterialien, die für die Durchführung des Workshops benötigt werden. Für eine entsprechende Visualisierung und die Anwendung unterschiedlicher Methoden und Tools während des Workshops und speziell im Rahmen der Scrum-Events werden im analog ausgerichteten Workshop (vgl. hierzu Abschn. 2.1) beispielsweise zusätzlich Flipcharts, Flipchart-Papier, Stellwände, verschiedenfarbige Kartonkarten, Stecknadeln, Post-its in unterschiedlichen Farben, Stifte und eventuell Klebeband benötigt (ein bei-

Abb. 2.1 Exemplarische Baustein-Auswahl mit Sortierung

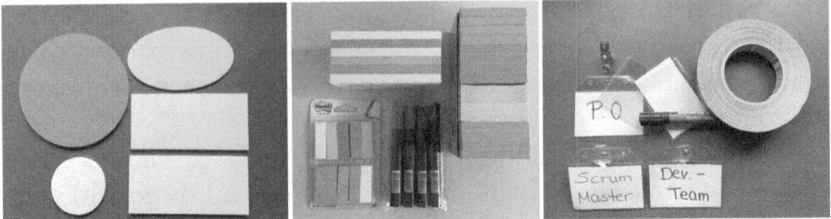

Abb. 2.2 Auswahl an Workshop-Material

spielhaftes Sortiment einiger Arbeitsmaterialien ist in Abb. 2.2 zu sehen), die in Bildungsabteilungen von Unternehmen ohnehin zur Standardausstattung gehören dürften.

Je nach persönlicher Vorliebe kommen eventuell noch weitere Materialien im Workshop zum Einsatz, die im Vorfeld aus einem vorhandenen Bestand organisiert bzw. neu beschafft werden müssen.

> **Wichtig**
> - Geeignete Materialien unterstützen die agile Arbeit im Workshop.
> - Für die Beschaffung der unterschiedlichen Arbeitsmaterialien muss genügend Zeit im Vorfeld eingeplant werden.

Einige der genannten Arbeitsmaterialien werden bereits im Rahmen der nachfolgend dargestellten Workshop-Vorbereitung, beispielsweise zur Erstellung unterschiedlicher Boards, benötigt und sollten daher frühzeitig zur Verfügung stehen. Gerade die Visualisierung der beschriebenen Methoden, die zum Einsatz kommen sollen, erleichtert den Teilnehmern das Vorankommen im Workshop und ist daher wesentlicher Bestandteil der Lernerfahrung.

2.3 Die Aufgabenbearbeitung vorbereiten

Das Framework Scrum eignet sich, wie bereits dargestellt, ausschließlich für die agile Projektarbeit. Der Leistungsgegenstand kann in diesen Fällen keinesfalls abschließend definiert, im Rahmen eines Lasten- und

Pflichtenhefts nicht detailliert beschrieben und vertraglich vereinbart werden. Immer dann, wenn etwas gänzlich Neues entwickelt werden soll und entsprechendes Erfahrungswissen fehlt, kann ein solches Vorhaben gelingen, wenn Schritt für Schritt ausprobiert und umgesetzt, überprüft und angepasst wird. Insofern empfiehlt es sich auch im Anwendungsworkshops einen solchen Kontext zu schaffen und eine entsprechende Aufgabenstellung zu formulieren.

> **Hinweis**
> Die nachfolgend dargestellten Vorbereitungen, die für den Einsatz geeigneter Methoden und Tools im Workshop sinnvollerweise vor der eigentlichen Durchführung geleistet werden müssen, erschließen sich mit unter erst, wenn klar ist, wofür sie im Rahmen des Workshops verwendet werden. Es lohnt sich zwischendurch also immer wieder mal ein Blick ins Kap. 3, in dem der Methoden- und Tooleinsatz detailliert dargestellt wird.

Da der iterative Prozess mit dem Product Backlog beginnt (vgl. Abb. 1.8), ist es sinnvoll, die notwendige Vorarbeit dafür bereits im Vorfeld zu leisten und ein entsprechendes Board vorzubereiten. Sollen die Teilnehmer nicht nur den iterativen Prozess der Inkrement-Erstellung erleben, sondern auch Erfahrungen in Bezug auf die Erstellung eines Product Backlogs sammeln, kann eine zusätzliche Workshop-Sequenz angeboten werden, in der die Teilnehmer dann in der Rolle eines Product Owners basierend auf der Vision die Erstellung eines Product Backlogs erarbeiten. Die für diese Option zusätzlich notwendige Vorbereitung wird nachfolgend als Variante 2 konkretisiert.

Gleichgültig, ob das Product Backlog für einen eintägigen Workshop entsprechend vorbereitet wird oder ob die Teilnehmer in einem zusätzlichen Workshop-Angebot das Product Backlog selbst erstellen: Es muss eine gute Vision entwickelt werden, die ausreichend komplex ist und dennoch so ausformuliert werden kann, dass der künftige Nutzen, der durch die Projektarbeit gestiftet werden soll, für alle Workshop-Teilnehmer nachvollziehbar ist.

2.3.1 Die Vision entwickeln

Eine gute Vision für die Durchführung dieses kompakten Anwendungsworkshop zu entwickeln, ist der Schlüssel zum Erfolg für dieses Lernformat. Was eignet sich also als Aufgabenstellung und was nicht? Folgende Faktoren sind meiner Erfahrung nach dabei zu beachten:

- Bei heterogenen Teilnehmergruppen sollten Themen verwendet werden, zu denen jeder Teilnehmer unabhängig von spezifischen Branchenkenntnissen oder Vorwissen einen schnellen Zugang finden kann.
- Die Aufgabe muss eine entsprechende Komplexität aufweisen, damit die notwendigen Realisierungsschritte nicht von Beginn an vollumfänglich, kleinteilig und detailliert geplant werden können.
- Der innovative Charakter spielt eine wichtige Rolle, damit im Rahmen des Workshops sichergestellt werden kann, dass noch kein entsprechendes Erfahrungswissen bei den Teilnehmern vorhanden ist.
- Der durch die Projektarbeit zu schaffende Mehrwert sollte sich anhand einfach zu definierender Nutzergruppen beschreiben lassen.
- Zumindest für die Realisierung im Rahmen des Workshops ist die Umsetzbarkeit auf die Verwendung von Lego®-Steinen limitiert.

So eignet sich als Workshop-Aufgabe wohl kaum der Bau eines Gebäudes. Viel zu leicht könnte die Anzahl der Stockwerke, die Größe der Fenster oder die exakte Raumgröße und -aufteilung festgelegt, die konkrete Umsetzung sehr spezifisch beschrieben und der Liefergegenstand plangetrieben umgesetzt werden. Als Übung für den Umgang mit volatilen Rahmenbedingungen mit Hilfe des Scrum Frameworks wäre eine solche Aufgabenstellung deshalb eher ungeeignet. Der Product Owner kann also im Vorfeld selbst nicht exakt festlegen, wie der fertige Leistungsgegenstand am Ende aussehen wird. Erst im Rahmen des Workshops wird in Zusammenarbeit mit den Developern ein gemeinsames Verständnis darüber entwickelt, wie genau die Vision Schritt für Schritt verwirklicht werden kann. Man sollte also schon ein wenig Zeit darauf verwenden, eine gute Vision für den Workshop zu entwickeln und sich selbst mehrmals zu fragen, ob in der Aufgabenstellung noch eine eher abstrakte Vision oder schon ein sehr detailliert zu beschreibender Leistungsgegenstand formuliert wird.

> **Je facettenreicher die Vision beschrieben werden kann, desto klarer wird die Aufgabe für die Workshop-Teilnehmer.**

Die Umsetzung der Vision gibt der Product Owner im Rahmen des Workshops vertrauensvoll in die Hände der Developer. Daraus ergibt sich eine gewisse Dynamik, die sich im Vorfeld nur schwer abschätzen lässt und wirklich sehr überraschende Ergebnisse liefern kann.

Jeder Workshop-Leiter sollte sich sinnvollerweise für eine eigene Vision entscheiden. Andernfalls geht die Authentizität verloren, die benötigt wird, um die beabsichtigte Lernerfahrung für die Teilnehmer zu schaffen. Zur Konkretisierung der weiteren Ausführungen soll folgende, von mir bereits genutzte Vision, als Grundlage dienen:

> **Beispiel: StarLab – eine Langzeit-Forschungsstation auf dem Mars**
>
> Auf dem Mars soll eine Forschungsstation entstehen, zu der Forscher der Erde mit ihren Familien umsiedeln, um in verschiedenen, interdisziplinären Gruppen lebenslang zu forschen. Zu den Forschern zählen unter anderem Physiker, Sozialwissenschaftler und Informatiker unterschiedlicher Nationen.
>
> Ein enger und regelmäßig stattfindender wissenschaftlicher Austausch mit den Forschern der bereits bestehenden Stationen von NASA und SpaceX (die schon vor ein paar Jahren und in einiger Entfernung auf dem Mars aufgebaut wurden) ist für den Forschungsauftrag essenziell. Zudem sollen die Forschungsergebnisse auch mit Wissenschaftlern auf der Erde regelmäßig ausgetauscht und diskutiert werden.
>
> Die Ansiedlung der Forschungsstation StarLab erfolgt auf kartografiertem, aber weitestgehend unbekanntem Terrain.

Damit die Developer die Rahmenbedingungen für die zu entwickelnde Station leichter nachvollziehen können, wäre vielleicht ein Foto der Marsoberfläche hilfreich, das dann im Rahmen des Workshops zur Verfügung gestellt werden kann. Dadurch fällt es leichter, sich ein Bild von den widrigen Lebensbedingungen des Planeten zu machen, auf dem die Station entstehen soll. Zudem dürfte an dieser Stelle ausnahmsweise vom rein analogen Format abgewichen werden, damit die Developer im Internet die Rahmenbedingungen für den Bau einer Marsstation recherchieren können. In der Regel verbessert derartiges Anschauungsmaterial und vielleicht ein virtueller Blick auf den Mars das gemeinsame Verständnis für den Mehrwert, den die Umsetzung bieten soll.

Bleibt die Vision zu vage und gelingt es dem Product Owner nicht, die Teilnehmer im Workshop für die Vision zu begeistern, wird auch die Lernerfahrung hinter den Erwartungen zurückbleiben. Eine spannende Idee ist also für einen erfolgreichen Anwendungsworkshop von grundlegender Bedeutung.

2.3.2 Variante 1: Das Product Backlog vorbereiten

Hat man sich für eine Vision entschieden, stellt sich – wie zu Beginn aller wertgetriebenen Projekte – die Frage, welchen Mehrwert die Projektarbeit schaffen kann und soll.

> » Zu diesem frühen Zeitpunkt lassen sich noch nicht sämtliche Anforderungen detailliert beschreiben.

Im laufenden Projekt werden Anforderungen schrittweise konkretisiert, einige werden neu hinzukommen, manche vielleicht auch entfallen, weil sie doch nicht so essenziell sind, wie anfangs gedacht. Ein erster Anforderungskatalog – das sogenannte Product Backlog – ist aber notwendig, damit die Projektarbeit beginnen kann (und damit auch der Workshop).

> **Definition**
> Das Product Backlog ist eine emergente Liste von Anforderungen, die zu Beginn der Projektarbeit hinsichtlich des angestrebten Mehrwerts formuliert werden kann (Schwaber & Sutherland, 2020, S. 11). Es entsteht durch die Anordnung der Anforderungen in eine priorisierte Reihenfolge und passt sich an eine Veränderung der Rahmenbedingungen an.

Die für den Workshop vorzubereitende Liste muss also eine Reihe priorisierter Items enthalten, die als Grundlage für den sogenannten Refinement-Prozesses dienen werden. Im Workshop werden diese Items dann vom Scrum-Team für die Arbeit im Sprint präzisiert, detailliert und womöglich in besser handhabbarere, kleinteiligere Aufgaben zerlegt. Je weiter die Arbeit im Workshop voranschreitet, desto präziser können auch die Items im Product Backlog formuliert werden, werden Items durch Rückmeldungen aus dem Review ergänzt oder (weil mittlerweile als unnötig erachtete) Items wieder entfernt.

Um das Product Backlog als Einstieg in die Workshop-Arbeit zu erstellen, sind folgende Vorbereitungsschritte notwendig:

User Stories entwickeln
Für die Realisierung einer Vision ist eine Liste aller möglichen Funktionen notwendig, die einen Mehrwert repräsentieren. Aber wie kann eine solche Liste erstellt werden? Welche Funktionalität liefert den höchsten Mehrwert für den Nutzer und genießt deshalb die höchste Priorität in der Umsetzung des ersten Inkrements? Um diese Fragen beantworten zu können, stellt der Product Owner in agilen Frameworks den Kundennutzen in den Vordergrund. Als Methode eignet sich der Einsatz sogenannter User Stories (Unterauer, 2019, S. 109–120).

> **Definition**
> User Stories sind ein passendes Format, um für unterschiedliche Arten von Product-Backlog-Elementen den gewünschten Geschäftswert auszudrücken. Sie sind einfach strukturiert und erleichtern es allen Beteiligten, die Anforderungen zu verstehen (Rubin, 2014, S. 119).

Dabei steht die Kommunikation im Vordergrund und nicht das Niederschreiben eines ausführlichen Dokuments.[3] Als Einstieg in die Projektarbeit werden im Rahmen des Workshops also Gespräche und

---
[3] Einen detaillierten Einblick in die Verwendung von User Stories und die Erstellung einer User Story Map bieten unter anderem Patton (2015, S. 97–120) und Wintersteiger (2015, S. 66–71). Weitere hilfreiche Ausführungen dazu finden sich außerdem bei Kooijman (User Story Mapping: Ein Leitfaden für transparente Product Backlogs, o. J.).

Diskussionen stattfinden, die dazu dienen, den Fokus für die Umsetzung zu definieren. Vorbereitete User Stories helfen dabei, diese Unterhaltung im Scrum-Team in Gang zu bringen und den Mehrwert einzelner Anforderungen zu konkretisieren. Sämtliche Items des zu Beginn des Workshops bereitgestellten Product Backlogs repräsentieren Geschichten, die vom Product Owner erzählt und von den Developern aufgegriffen und ausgearbeitet werden. Sie bilden die Grundlage für ein gemeinsames Verständnis der Projektaufgabe (Patton, 2015, S. 101–103).

> **Beispiel: User Stories für das StarLab**
>
> Die User Stories erzählen chronologisch, beginnend mit der Ankunft der jeweiligen Nutzergruppe im StarLab, wie gelebt (und überlebt), geforscht und gearbeitet wird. Nach der Arbeit nehmen die künftigen Bewohner eventuell an Freizeitaktivitäten teil, nutzen kulturelle Angebote oder nehmen medizinische Einrichtungen in Anspruch.

Die Vorbereitung der User Stories ist notwendig, damit der Start in den Workshop gelingen kann. Zunächst werden dafür unterschiedliche Nutzerrollen identifiziert, die vom Projektergebnis – dem StarLab – profitieren sollen. In einem zweiten Schritt werden dann die Bedürfnisse der künftigen Marsbewohner beschrieben. Daraus lassen sich Funktionen ableiten, die den Bedürfnissen der Nutzer Rechnung tragen.

Nutzergruppen benennen
Wenn der Mehrwert agiler Projektarbeit am Nutzen ausgerichtet werden soll, ist es im Vorfeld des Workshops notwendig, sich Gedanken über die künftigen Nutzer der Forschungsstation StarLab zu machen.

> **Beispiel: Die künftigen Nutzer des StarLab**
>
> Neben den Forschern (Nutzergruppe 1) aus unterschiedlichen wissenschaftlichen Disziplinen werden deren Partner und Familienangehörige (Nutzergruppe 2) auf der Station leben. Darüber hinaus werden zahlreiche Dienstleister (Nutzergruppe 3) angesiedelt, damit sich die Forscher auf ihre Arbeit konzentrieren und unterschiedliche Unterstützungsangebote in Anspruch nehmen können.

Lange Texte für die User Stories detailliert zu formulieren, würde zu viel Zeit in Anspruch nehmen und wäre für die agile Arbeit auch nicht zielführend. Schließlich ändern sich die Geschichten, wenn neue Erkenntnisse vorliegen oder Rahmenbedingungen sich ändern. In der Praxis haben sich daher sogenannte Story Cards etabliert, auf denen die User Stories komprimiert beschrieben werden und die als Einstieg in den Workshop genutzt werden können.

Story Cards vorbereiten
Beim Geschichtenerzählen kommt man leicht vom Wesentlichen ab oder verliert denjenigen aus dem Blick, dessen Bedürfnisse im Mittelpunkt der Geschichte stehen soll. Deshalb helfen Story Cards dabei, die User Story in geeigneter Form zu erzählen.

> **Definition**
> Story Cards bilden die User Story in standardisierter und schriftlicher Form ab (Patton, 2015, S. 108). In dem von Jeffries 2001 eingeführten 3C-Ansatz dienen die Cards als Einstieg in die sich anschließende, notwendige Conversation (Jeffries, 2001).

Das Template, das für Story Cards von Connextra zu Beginn der 2000er-Jahre vorgestellt wurde und sich seither zu einem Standard entwickelt hat (Patton, 2015, S. 108), folgt diesem strukturellen Aufbau:
„Als [User-Typ] möchte ich [etwas tun], damit ich [einen Nutzen erziele]."

> **Beispiel: Story Card im StarLab-Kontext**
> Als Forscher im StarLab möchte ich nach meiner Ankunft auf der Station ohne Sauerstoffgerät atmen können, damit ich mich ohne Einschränkungen in einer künstlich geschaffenen Atmosphäre unter terrestrischen Bedingungen frei bewegen kann.

Exemplarisch finden sich weitere Story Cards in Abb. 2.3.

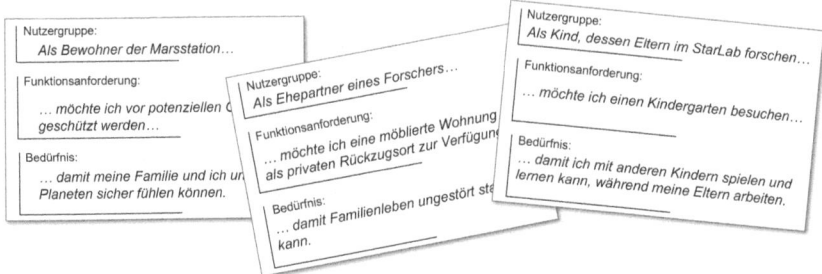

Abb. 2.3 Exemplarische Story Cards. (Eigene Darstellung)

Sämtliche Story Cards könnten zu Beginn des Workshops vom Product Owner auf einem Arbeitstisch in sortierter Reihenfolge ausgelegt werden, um die Diskussion darüber zu beginnen. Übersichtlicher und auch besser handhabbar für die weitere Arbeit im Rahmen des Sprint Plannings ist aber ein vorbereitetes Board, auf dem jede Story durch ein entsprechendes Product Backlog Item (Post-it) repräsentiert wird.

Produkt Backlog-Board vorbereiten

Beschriftet man selbstklebende Post-its mit den einzelnen Items, können diese später im Workshop für eine Schätzung vom Board abgenommen, in überarbeiteter Form wieder angebracht, vollständig entfernt, ersetzt oder aufgrund einer neuen Priorisierung vom Product Owner anders positioniert werden. Post-its bieten in diesem Zusammenhang also eine besonders große Flexibilität. Items mit großem Mehrwert und hoher Dringlichkeit stehen mit höchster Priorität auf dem Board ganz oben. Je geringer der unmittelbare Nutzen, desto niedriger die Priorität und folglich die Platzierung auf dem Board. Ein entsprechendes Beispiel ist in Abb. 2.4 dargestellt. Um genügend Items für die geplante Anzahl von drei Sprints auf diese Weise für den Workshop bereitzustellen, sollten etwa 20 Backlog Items mit korrespondierenden Story Cards vorbereitet werden.

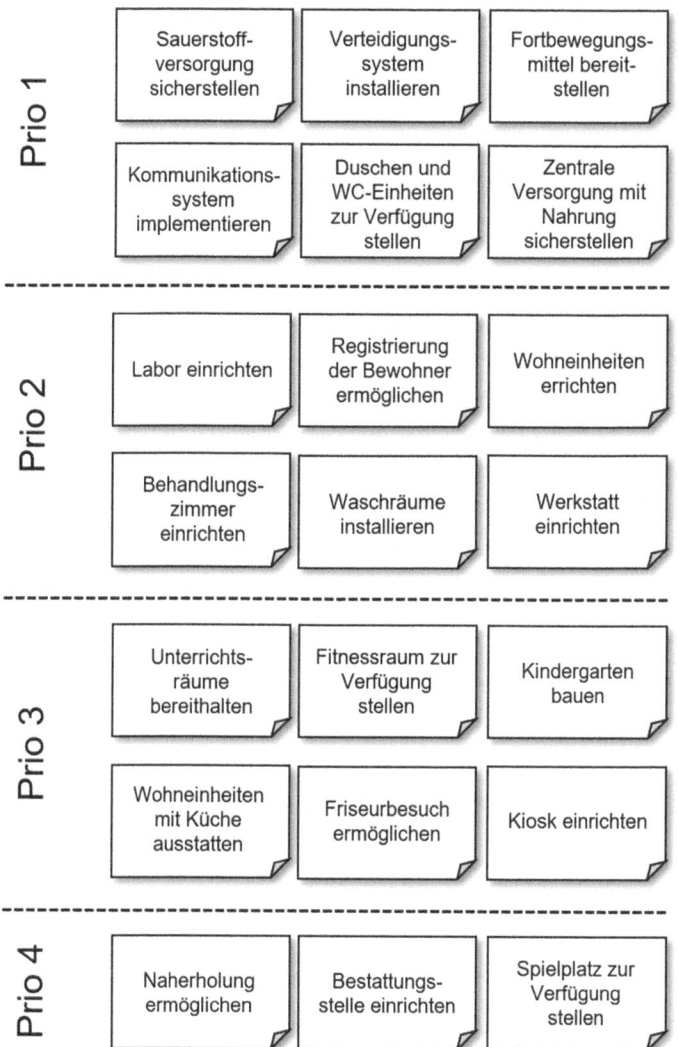

Abb. 2.4 Beispielhaft vorbereitetes Product Backlog. (Eigene Darstellung)

> **Dieser Vorbereitungsschritt ist abgeschlossen, wenn ...**
> - Unterschiedliche Nutzergruppen identifiziert sind,
> - User Stories in Form von Story Cards formuliert sind und
> - etwa 20 Items in Form von Post-its auf dem nach Prioritäten sortierten Product Backlog-Board bereitgestellt werden.

2.3.3 Variant 2: Vorbereitungen für einen Product Backlog-Zusatzworkshop (optional)

Wenn nicht nur der iterative und inkrementelle Erstellungsprozess durch das Scrum-Team als Lernerfahrung erlebbar gemacht, sondern den Workshop-Teilnehmer zusätzlich die Erstellung des Product Backlogs durch eigenes Handeln vermittelt werden soll, kann optional eine zusätzliche Workshop-Sequenz im Vorfeld des Anwendungsworkshops angeboten werden.

» Diese Variante bietet den Vorteil, dass die Teilnehmer einen Einblick in die Rolle des Product Owners erhalten und die Rollenverteilung in Scrum besser verstehen können.

Sie erkennen, dass das Product Backlog kein detailliert geplanter Ablaufplan in wohlstrukturierter Form ist, sondern sich entwickelt, veränderbar und flexibel ist, sich an Bedürfnissen orientiert und den Nutzer in den Mittelpunkt der Projektarbeit stellt. Dabei schlüpfen die Teilnehmer in die Rolle eines Product Owners, um aus der Vision mit Hilfe von User Stories entsprechende Product Backlog Items zu entwickeln. Der Workshop-Leiter wird in diesem Szenario zum Projektinitiator, Projektauftrag- und Geldgeber.

Haben sich Auftraggeber und Product Owner erst einmal auf die potenziellen Nutzer geeinigt, lassen sich in einem weiteren Schritt alle Bedürfnisse der künftigen Bewohner der Forschungseinrichtung auf dem

Mars beschreiben und die notwendigen Anforderungen an eine Forschungsstation ableiten. Grundlage zur Darstellung dieser Workshop-Variante soll nachfolgend die bereits vorgestellte Vision der Marsforschungsstation StarLab sein.

Board für die User Journey vorbereiten
Mit Hilfe einer User Journey (beginnend mit der Ankunft auf der Forschungsstation und fortgesetzt durch die sich anschließenden Aktivitäten der jeweiligen Nutzergruppe) sollen die Teilnehmer der zusätzlichen Workshop-Sequenz in Zusammenarbeit mit dem Auftraggeber die Funktionsanforderungen identifizieren, die zur Umsetzung der Vision erforderlich sein könnten, um daraus anschließend ein erstes Product Backlog zu erstellen (Sutherland, 2019, S. 28–32).

> **Definition**
>
> Die User Journey ermöglicht die Fokussierung auf eine bestimmte Nutzergruppe, ihre Bedürfnisse und die daraus abgeleiteten, funktionalen Anforderungen an ein zu erstellendes Projektergebnis.

Damit die Erstellung einer User Story Map anhand der User Journey in dieser kompakten Workshop-Sequenz gelingen kann, sollte ein entsprechendes Board vorbereitet werden, um die Teilnehmer in ihrem Handeln als Product Owner anzuleiten. Als Vorbild mag die in Abb. 2.5 initial vorbereitete User Journey Map mit unterschiedlichen Platzhaltern dienen. Wird ein Board in dieser Form bereitgestellt, kann die Methode schrittweise im Workshop erläutert werden. Entsprechend vorbereitete Beschriftungskarten können dann nach und nach auf dem Board platziert werden. Das Vorgehen zur Erstellung einer User Journey Map lässt sich dadurch recht unkompliziert Punkt für Punkt erläutern. Vordefinierte Platzhalter für die zu benennenden Nutzergruppen schränken die Anzahl ein und erleichtern später die Arbeit im Workshop.

Im Rahmen der Workshop-Durchführung füllen die Teilnehmer mit Hilfe entsprechender Post-its das Board anhand der identifizierten Bedürfnisse der Nutzer und der daraus abgeleiteten Funktionsanforderungen.

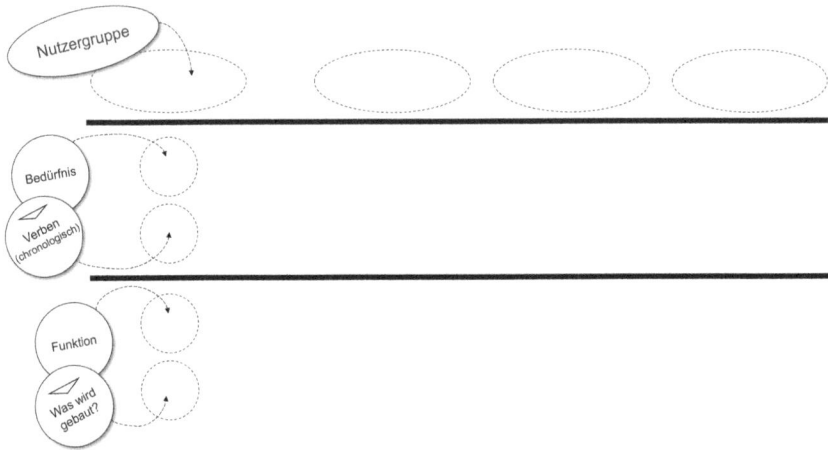

Abb. 2.5 Beispielhaft vorbereitetes Board für eine User Journey. (Eigene Darstellung)

Release-Planung vorbereiten
In der Regel werden die Teilnehmer bei der Durchführung dieser Workshop-Sequenz erheblich mehr Anforderungen sammeln, als im Rahmen des Scrum-Anwendungsworkshops in den geplanten drei Iterationsschleifen realisiert werden können. Werden mehr Anforderungen gesammelt, als im Rahmen einer ersten Produkterstellung (= Dauer des Anwendungsworkshops) im Auslieferungsumfang enthalten sein soll, wird priorisiert und eine entsprechende Release-Planung vorgenommen.

> **Definition**
> Die für Nutzer freigegebene und ausgelieferte Version einer Leistung nennt man Release (Hansen et al., 2019, S. 360). Im Rahmen seiner Produktplanung legt der Product Owner den geplanten Umfang einer inkrementellen Auslieferung fest (Rubin, 2014, S. 299–305).

Um die Ergebnisse der Planung in dieser Workshop-Sequenz dokumentieren zu können, empfiehlt es sich, für die Einteilung in unterschiedliche Releases ein weiteres Arbeitsboard vorzubereiten.

2 Vorbereitungen für den Workshop

> **Beispiel: Drei Releases für die StarLab-Entwicklung**
>
> Beim StarLab-Projekt sollen verschiedene Reifegrade bzw. Ausbaustufen der Marsstation in unterschiedlichen Releases bereitgestellt werden. Dabei bildet das erste Release die Mindestanforderungen ab, die alle elementaren Eigenschaften einer funktionstüchtigen Forschungsstation auf dem Mars beinhaltet. Alle weiteren Releases liefern Funktionalitäten, die zum Beispiel mehr Komfort und in weiteren Ausbaustufen beispielsweise größere Kapazitäten für mehr Stationsbewohner umfassen.

Wie in Abb. 2.6 exemplarisch dargestellt, beinhaltet das im Rahmen der optionalen Workshop-Sequenz bereitgestellte Planungsboard die drei im Beispiel genannten Entwicklungszyklen. Dadurch können die Teilnehmer später sämtliche Post-its mit funktionalen Anforderungen aus der User Journey Map einem entsprechenden Release zuordnen.

Da die Teilnehmer dieser optionalen Workshop-Sequenz ein erstes Product Backlog für den iterativen Erstellungsprozess des Anwendungsworkshops erstellen sollen, müssen in Variante 2 in Ergänzung zu den beiden dargestellten Boards zusätzlich noch ein initiales Product Backlog-Board (wie in Variante 1 bereits beschrieben – diesmal nur ohne

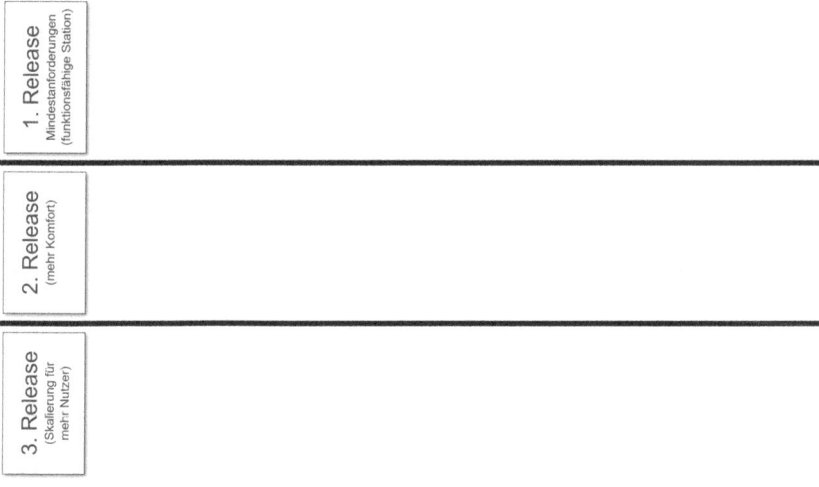

Abb. 2.6 Exemplarisches Arbeitsboard für die Release-Planung. (Eigene Darstellung)

Content) sowie leere Story Cards vorbereitet werden. Im Rahmen der vorgelagerten Workshop-Sequenz werden ausschließlich zu den Anforderungen des ersten Releases entsprechende Story Cards formuliert und anschließend korrespondierende Items in Abhängigkeit von ihrer jeweiligen Priorisierung im Product Backlog eingefügt. So kann sich das Sprint Planning auch unter Verwendung dieser Variante nahtlos anschließen.

> **Dieser Vorbereitungsschritt ist abgeschlossen, wenn …**
> - das Board zur Erstellung einer User Story Map vorbereitet ist,
> - für die Release-Planung ein entsprechendes Arbeitsboard erstellt ist,
> - ein initiales Product Backlog-Board zur Verfügung steht und
> - leere Story Cards vorhanden sind.

Für beide der dargestellten Varianten zur Vorbereitung des Product Backlogs, sind darüber hinaus zur Durchführung des Workshops die nachfolgend beschriebenen Vorbereitungsarbeiten empfehlenswert.

2.3.4 Das Sprint Planning vorbereiten

Ein gemeinsames Verständnis zwischen Product Owner und Developern für die Aufgabe ist notwendig, damit ein Mehrwert im Rahmen agiler Projektarbeit geschaffen werden kann. Nur wenn beide sich auf den Inhalt und die Bedeutung der einzelnen Items verständigt haben, kann eine entsprechende Komplexitätsschätzung für die einzelnen Aufgaben durch die Developer vorgenommen werden. Diese Beurteilung einzelner Items ermöglicht es den Developern, ihre Arbeit anschließend zu planen und zu organisieren.

> »Bei einer Komplexitätsschätzung geht es nicht darum, die Dauer der Umsetzung zu planen.

2 Vorbereitungen für den Workshop

Die Dauer kann schließlich je nach Developer, der sie später umsetzen wird, und dessen Fähigkeiten variieren. Der Komplexitätsgrad der Aufgabe bleibt aber unabhängig vom Developer gleich. Es geht also vielmehr darum, jedes Item in Relation zu den anderen Items zu betrachten. Für derartige Schätzungen hat sich als Methode die Verwendung sogenannter Story Points etabliert (Rubin, 2014, S. 166–171).

> **Definition**
>
> Story Points gewichten im Rahmen der Komplexitätsschätzung jede Aufgabe, die mit ihrer Fertigstellung eine notwendige Funktionalität und somit einen Beitrag zum Mehrwert des Inkrements liefert, mit einer entsprechenden Punktzahl.

Als geeignete Methode zur Bewertung einzelner Items mit Hilfe von Story Points empfehlen unter anderem Zahraoui und Idrissi (2015) sowie Wiechmann und Röpstorff (2022, S. 175–184) die Verwendung der Fibonacci-Folge. Da der Mittelalter-Mathematiker Fibonacci und seine Zahlenfolge vermutlich nicht allen Teilnehmern bekannt sein dürfte, könnte seine in Abb. 2.7 dargestellte, legendäre „Goldenen Spirale" die Relationen zwischen den einzelnen Zahlenwerten verdeutlichen.

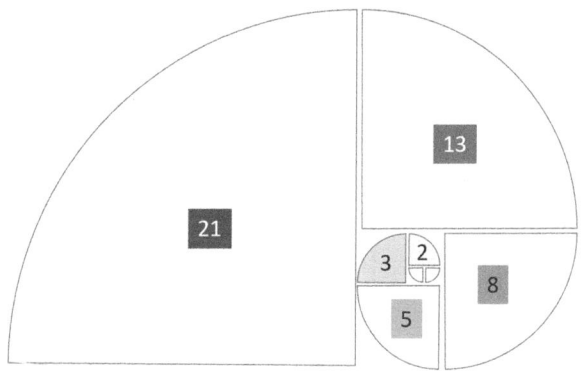

Abb. 2.7 Fibonacci-Folge als Grundlage der Komplexitätsschätzung. (Eigene Darstellung)

Beschränkt man sich bei der Komplexitätsschätzung auf die Zahlenfolge „1, 2, 3, 5, 8, 13, 21" (die Folgezahl ergibt sich jeweils aus der Summe ihrer beiden Vorgänger, z. B. 8 = 5 + 3) und weist zu Beginn einem beliebigen Backlog-Items als Referenz den Wert „5" zu, lässt sich für ein weiteres Item ableiten, ob es im Vergleich komplexer oder weniger komplex ist. Das Item erhält den Wert „3" (weniger komplex) oder „8" (komplexer). Mit Hilfe dieser recht einfachen Bewertungsmethode lassen sich die verschiedenen Items relativ schnell mit einem Punktwert belegen, der für die weitere Planung der Developer relevant ist.

Story Point Board für die Komplexitätsschätzung vorbereiten
Für den unkomplizierten Einsatz der Story Point-Methode kann ein spezielles Board im Vorfeld vorbereitet werden, auf dem die einzelnen Items (Post-its) aus dem ersten Product Backlog im Rahmen des Workshops zügig zugeordnet werden können. Eine solche Arbeitshilfe zur Schätzung mittels Story Points ist in Abb. 2.8 dargestellt.

Verwendet man je Spalte auf dem Story Point Board unterschiedliche Farben, zu denen es wiederum entsprechend passende Post-its gibt, lassen sich die zugeordneten Items unproblematisch farblich markieren, bevor sie wieder auf dem Product Backlog Board ihrer Priorität entsprechend sortiert werden.

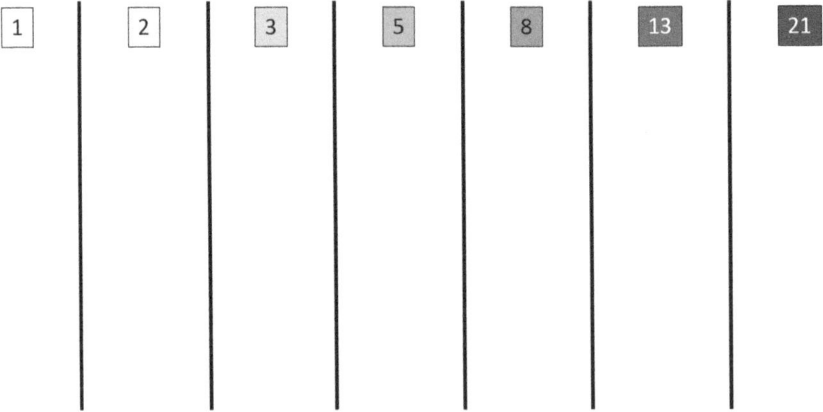

Abb. 2.8 Beispielhaftes Story Point-Board. (Eigene Darstellung)

> **Dieser Vorbereitungsschritt ist abgeschlossen, wenn ...**
> - eine Visualisierung der „Goldenen Spirale" erfolgt ist und
> - ein Board für die Zuordnung einzelner Backlog-Items zu entsprechenden Story Points der Fibonacci-Folge vorbereitet ist.

Alternativ: Planning Poker vorbereiten

Eine ausführlichere Form der Kommunikation, um ein Backlog Item mit Story Points zu bewerten, bietet die weitverbreitete Methode des Planning Poker, die unter anderem bei Cohn (2006, S. 56–60) und Rubin (2014, S. 167 ff.) detailliert beschrieben ist. Bei diesem „Spiel" erhalten alle Developer einen vollständigen Satz Spielkarten mit Zahlenwerten basierend auf der Fibonacci-Folge. Je Item schätzt jeder Developer einen Komplexitätswert und legt die entsprechende Planning Poker-Karte verdeckt vor sich ab. Haben alle eine Schätzung vorgenommen, werden die Karten aufgedeckt. Konsens herrscht, wenn alle Developer den gleichen Wert geschätzt haben. Gibt es unterschiedliche Schätzungen, folgen eine Detaillierung des Items sowie klärende Gespräche, bis eine Einigung auf einen einheitlichen Zahlenwert erzielt werden kann.

Soll die Komplexitätsschätzung mit Hilfe von Planning Poker erfolgen, muss ein entsprechendes Kartenset beschafft werden, das in Abb. 2.9 exemplarisch dargestellt ist. Wiechmann und Röpstorff (2022, S. 179 f.)

Abb. 2.9 Exemplarisch: Spielkarten für den Planning Poker. (Eigene Darstellung)

verweisen in diesem Zusammenhang allerdings darauf, dass eine Schätzung unter Verwendung von Planning Poker nicht selten zu ausschweifenden Diskussionen führt. Für eine erste Abschätzung und Präzisierung der zu realisierenden Anforderungen entsteht dadurch ein erheblicher Zeitbedarf. Da im Workshop gerade Zeit sehr knapp ist, wird für schnelle Ergebnisse der Komplexitätsschätzung deshalb der Einsatz eines Story Point Boards empfohlen.

2.3.5 Die Dokumentation des Arbeitsfortschritts im Sprint vorbereiten

Während der Durchführung eines Sprints arbeiten die Developer eigenständig und ergebnisverantwortlich an der Umsetzung von Anforderungen, die sie zur Bearbeitung aus dem Sprint Backlog ausgewählt haben. Manchmal fällt es dabei schwer, den Überblick zu behalten. Was ist gerade bei anderen Developern in Arbeit? Welche Aufgaben aus dem Sprint Planning sind noch offen und müssen noch abgearbeitet werden, um das Sprintziel zu erreichen? Damit alle wissen, was noch zu tun ist, kann ein entsprechend vorbereitetes Kanban-Board für den nötigen Überblick sorgen.

> **Definition**
> Ein Kanban-Board visualisiert den Fluss der Arbeit (Anderson & Carmichael, 2018, S. 21).

Auf dem Board werden im Workshop die einzelnen Items aus dem Sprint Backlog entsprechend des Arbeitsflusses den Phasen „To Do", „Work In Progress" und „Done" zugeordnet. So steigt die Transparenz für die Developer im komprimierten Sprintverlauf. Damit die Teilnehmer die Erfahrung machen können, dass mit jedem Sprint das Erfahrungswissen zunimmt und die Effizienz entsprechend steigt, sollten auf dem vorbereiteten Board, wie in Abb. 2.10 exemplarisch dargestellt, mindestens drei Sprints vorgesehen werden.

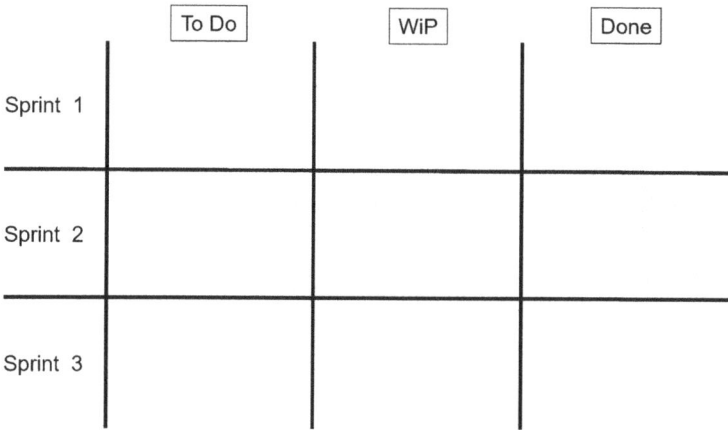

Abb. 2.10 Vorbereitetes Kanban Board. (Eigene Darstellung)

> **Wichtig**
>
> Die Zeit ist im komprimierten Workshop-Format knapp bemessen. Der Einsatz folgender Tools und Methoden sollte also im Vorfeld gut vorbereitet werden:
>
> - User Stories in Verbindung mit entsprechenden Story Cards, um mit den Developern ins Gespräch über die Product Backlog Items zu kommen und ein gemeinsames Verständnis für die Aufgabenstellung zu entwickeln.
> - Zur Schätzung eignen sich Story Points, durch die die einzelnen Items, unter Verwendung der Fibonacci-Folge, hinsichtlich ihrer Komplexität beurteilt werden.
> - Um den Arbeitsfortschritt während der Projektarbeit transparent darzustellen, schafft ein Kanban-Board den nötigen Überblick.

Die in der dargestellten Weise vorbereiteten Methoden und Tools dienen der Unterstützung der agilen Projektarbeit und sind als Mindestanforderungen zu verstehen, damit Teilnehmer die Arbeitsweisen und Planungsprozesse angemessen im Rahmen des Workshop erproben können. Als Framework bietet Scrum lediglich einen Rahmen für die Projektarbeit und keine definierte Vorgehensweise. Insofern lassen sich auch andere Methoden für die Durchführung des Workshops nutzen oder andere Formen der Visualisierung verwenden.

2.3.6 Zusätzliche Hilfsmittel zur Visualisierung

Neben den bereits dargestellten Visualisierungsmöglichkeiten in Form von unterschiedlichen Boards zur Unterstützung der operativen Arbeit im Anwendungsworkshop kann die Vorbereitung zusätzlicher Hilfsmittel sinnvoll sein, wenn ausschließlich auf Basis analoger Begleitmedien gearbeitet werden soll.

> »Plakate helfen im Workshop, sich an Faktenwissen zu erinnern und alle Teilnehmer auf den gleichen Stand zu bringen.

Im geplanten Workshop-Ablauf (vgl. Kap. 3) ist zu Beginn eine kurze Wiederholung der konzeptionellen Grundlagen vorgesehen. Dafür könnte es hilfreich sein, wenn die Zusammenhänge noch einmal anhand von Whiteboards erarbeitet oder in Form von Plakaten ins Gedächtnis gerufen und im weiteren Verlauf des Workshops gut sichtbar zur Verfügung gestellt werden. Auf diese Weise können die Prinzipien und Werte in Scrum oder die eingesetzten Tools in zusammengefasster Form und reduziert auf das Wesentliche visualisiert, der agile Eisberg dargestellt oder die Rollen in Scrum auf entsprechenden Plakaten einander gegenübergestellt werden. Während des Workshops kann dann auf diese Zusammenhänge oder das entsprechende Rollenverständnis hingewiesen sowie im Rahmen einer Reflexion die praktische Relevanz bisher nur theoretisch vermittelter Ansätze verdeutlicht werden.

Sind auf den Plakaten entsprechende Lücken vorbereitet (wie in Abb. 2.11 exemplarisch für das Scrum Framework und in Abb. 2.12 für die Rollen in Scrum dargestellt), kann beispielsweise während des Workshops im Sinne einer Wiederholung das notwendige Grundwissen gemeinschaftlich zusammenzutragen werden, um bestehende Lücken im wahrsten Sinne des Wortes zu füllen, bevor mit der praktischen Arbeit begonnen wird. Dadurch lassen sich Begrifflichkeiten zu Beginn des Workshops klären und das Wesentliche des Scrum Frameworks kann für alle Teilnehmer noch einmal verdeutlicht werden.

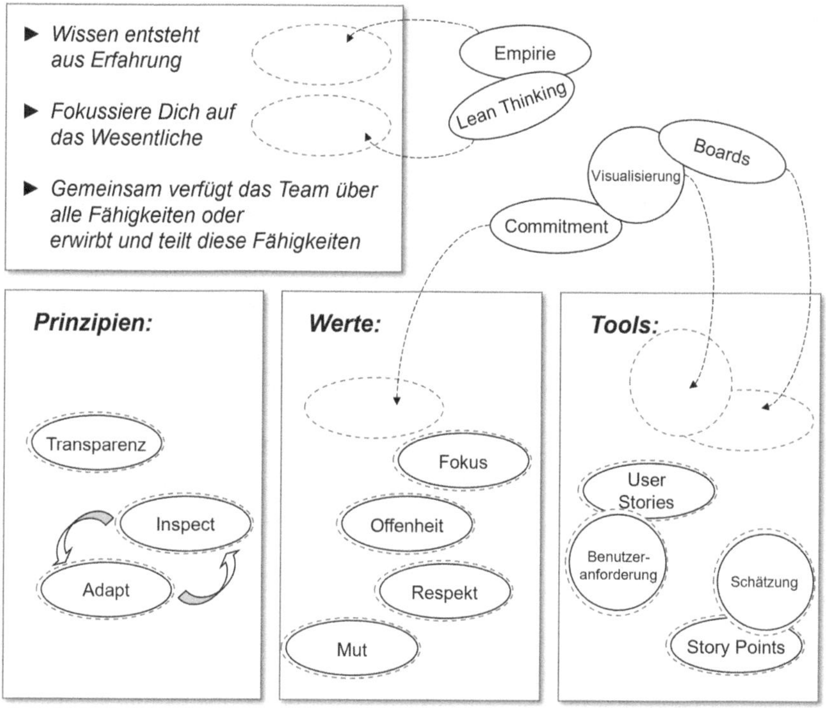

2 Vorbereitungen für den Workshop

▶ Wissen entsteht aus Erfahrung

▶ Fokussiere Dich auf das Wesentliche

▶ Gemeinsam verfügt das Team über alle Fähigkeiten oder erwirbt und teilt diese Fähigkeiten

Empirie

Lean Thinking

Visualisierung

Boards

Commitment

Prinzipien:

Transparenz

Inspect

Adapt

Werte:

Fokus

Offenheit

Respekt

Mut

Tools:

User Stories

Benutzeranforderung

Schätzung

Story Points

Abb. 2.11 Vorbereitete Plakate zum Scrum Framework. (Eigene Darstellung)

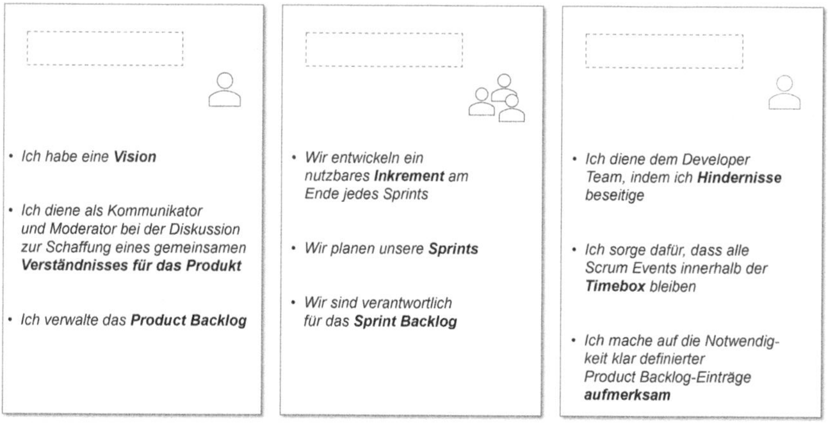

- Ich habe eine **Vision**
- Ich diene als Kommunikator und Moderator bei der Diskussion zur Schaffung eines gemeinsamen **Verständnisses für das Produkt**
- Ich verwalte das **Product Backlog**

- Wir entwickeln ein nutzbares **Inkrement** am Ende jedes Sprints
- Wir planen unsere **Sprints**
- Wir sind verantwortlich für das **Sprint Backlog**

- Ich diene dem Developer Team, indem ich **Hindernisse** beseitige
- Ich sorge dafür, dass alle Scrum Events innerhalb der **Timebox** bleiben
- Ich mache auf die Notwendigkeit klar definierter Product Backlog-Einträge **aufmerksam**

Abb. 2.12 Lücken füllen: vorbereitete Plakate zu den Rollen in Scrum. (Eigene Darstellung)

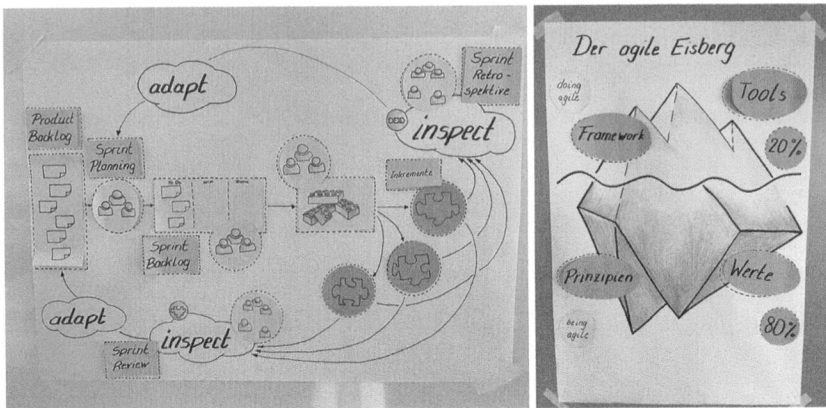

Abb. 2.13 Schrittweise entwickelte Plakate im Workshop-Raum

Komplexere Abbildungen wie beispielsweise das Zusammenspiel von Artefakten und Events im Rahmen eines Sprints, die den Ablaufprozess in Scrum beschreiben, können stückweise noch einmal gemeinsam entwickelt werden. Im Vorfeld müssen dafür entsprechende Plakate (wie in Abb. 2.13 dargestellt) vorbereitet werden. Bereits beschriftete Content-Karten ergänzen im Rahmen des Workshops Stück für Stück die Abbildung immer dann, wenn der entsprechende Schritt erreicht ist. Dadurch kann die erlebte Erfahrung mit dem konzeptionellen Ansatz kognitiv besser verknüpft werden.

> » Zur Moderation der Reflexion helfen vorformulierte Leitfragen bei einer schnellen und konkreten Einschätzungen.

Da die Reflexion wesentlicher Bestandteil des Scrum Frameworks ist, empfiehlt es sich außerdem für den Sprint Review sowie für die Sprint Retrospektive entsprechende Begleitmedien, wie in Abb. 2.14 beispielhaft dargestellt, vorzubereiten. Dazu eignen sich Flipcharts, die mit ent-

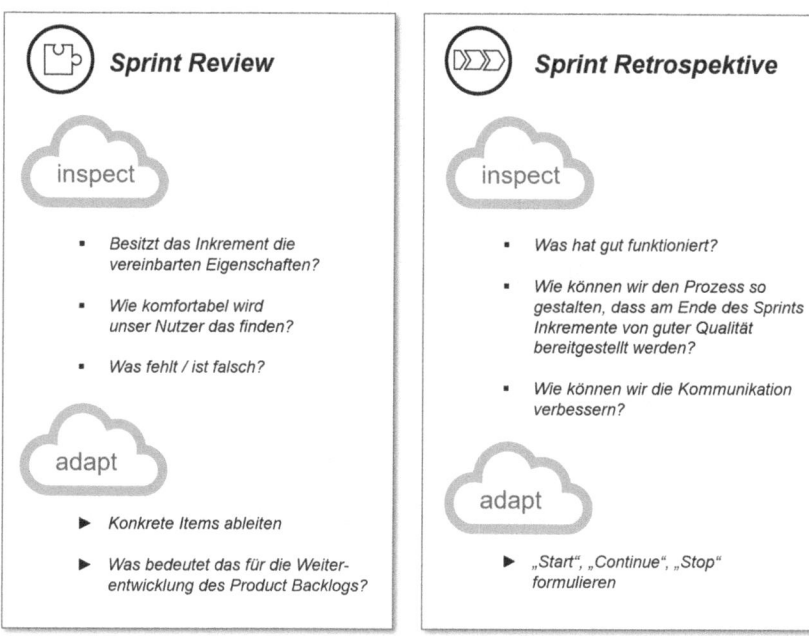

Abb. 2.14 Vorbereitete Leitfragen für die Reflexion. (Eigene Darstellung)

sprechend formulierten Leitfragen[4] die Reflexion moderieren und somit für die noch ungeübten Teilnehmer erleichtern.

Für die Zusammenfassung der Ergebnisse aus der Sprint Retrospektive kann zusätzlich ein Flipchart-Bogen mit den Spalten „Start", „Continue" und „Stop" vorbereitet werden (vgl. Abb. 2.15), in dem das Team nach jedem Sprint mit Hilfe grüner (für „Continue"), roter (für „Stop") und blauer Postits (für „Start") dokumentiert, was im nächsten Sprint unbedingt beibehalten, was anders gemacht und womit im nächsten Sprint begonnen werden soll.

Zu guter Letzt haben sich vorbereitete Notizkarten (wie in Abb. 2.16 dargestellt) bewährt, auf denen die Abfolge des Workshops mit einigen Stichworten sowie die geplante Dauer des jeweiligen Schritts (vgl. Ablaufplanung in Kap. 3) vermerkt ist. Dadurch bleibt der gesamte zeitliche Ablauf des Workshops im geplanten Rahmen, sodass ausreichend Zeit für drei Sprints mit jeweils anschließender Reflexion trotz enger Taktung zur Verfügung steht.

---

[4] Vgl. unter anderem (Krivitsky, 2023, S. 95–100).

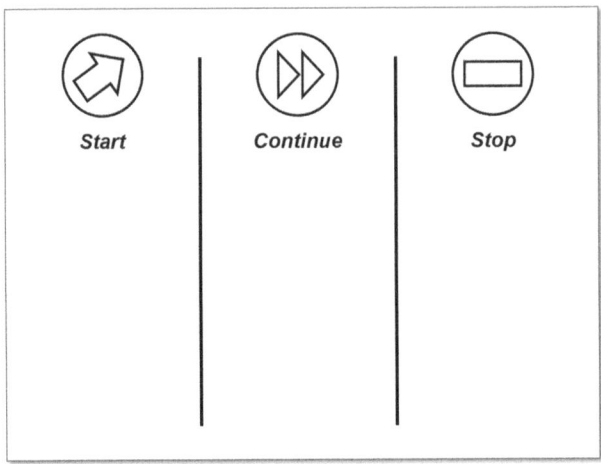

Abb. 2.15 Ergebnisse der Retrospektive visualisieren. (Eigene Darstellung)

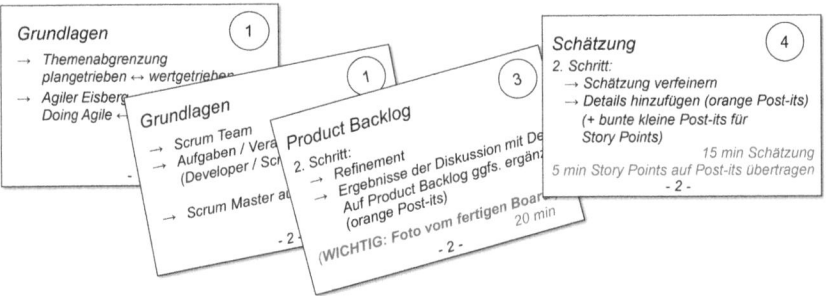

Abb. 2.16 Exemplarische Notizkarten für einen strukturierten Workshop-Ablauf. (Eigene Darstellung)

> **Dieser Vorbereitungsschritt ist abgeschlossen, wenn ...**
> - zur Wiederholung der konzeptionellen Grundlagen Plakate mit Lückentexten erstellt,
> - ein Plakat zum iterativen Prozess der inkrementellen Wertschöpfung im Scrum-Ansatz für die schrittweise Ergänzung im Workshopverlauf vorbereitet ist,
> - vorbereitete Leitfragen für den Sprint Review und die Sprint Retrospektive zur Verfügung stehen und
> - Notizkarten zu inhaltlichen Aspekten gemäß der Workshop-Ablaufplanung vorbereitet sind.

2.4 Vorbereiten der Räumlichkeiten

Wie bereits dargestellt (vgl. Abschn. 2.1), spielt gerade für agiles Arbeiten ein geeignetes Raumangebot eine wichtige Rolle (Gerstbach, 2021, S. 51–55).

> **Kreativität benötigt Platz für Bewegungsfreiheit.**

Agiles Arbeiten entwickelt immer auch eine entsprechende Dynamik. So eignet sich für den Anwendungsworkshop ein flexibel anpassbarer Seminarraum natürlich erheblich besser, als ein weitgehend fest bestuhltes Sitzungszimmer. Stehen unterschiedliche Seminarräume zur Auswahl, empfiehlt es sich, folgende Vorüberlegungen bei der Raumauswahl zu berücksichtigen.

Der Raum sollte so groß sein, dass genügend Platz für mehrere Arbeitstische sowie ausreichend Bewegungsflächen für die geplante Anzahl von Teilnehmern zur Verfügung steht. Zudem sollte der Raum an Wänden, Türen oder Fenstern genügend Flächen bieten, damit die vorbereiteten Plakate und Flipchart-Papiere zur Visualisierung der verschiedenen Themenbereiche zur Verfügung gestellt und vorhandene Wandboards genutzt werden können.

Eine Bestuhlung ist nicht erforderlich, da die Arbeit an unterschiedlichen Stationen absolviert werden soll und deshalb Bewegungsfreiheit wichtig ist, bei der Stühle im Raum eher störend wären.

Zwei separate Arbeitstische für die Erstellung der Inkremente sowie zur Platzierung der stückweise fertiggestellten Forschungsstation und ein zusätzlicher, großer Tisch für Materialien wären optimal. Für die erstellte Projektarbeit kann aber natürlich auch der Fußboden genutzt werden.

Vor Beginn des eigentlichen Workshops sollte der Raum entsprechend vorbereitet werden. Dafür muss unbedingt ausreichend Zeit eingeplant werden, da Stühle womöglich entfernt, Flipcharts platziert, Plakate aufgehängt und die Boards sowie die Lego®-Bausteine vorbereitet werden müssen. Beim dargestellten Beispiel in Abb. 2.17 hat dies etwa 60 min in Anspruch genommen.

Abb. 2.17 Beispiel für Workshop-Räumlichkeiten

Literatur

Aichele, C. (2006). *Intelligentes Projektmanagement*. Kohlhammer.
Anderson, D., Jr., & Carmichael, A. (2018). *Essential Kanban condensed*. dpunkt.verlag.
Chen, C.-H., & Yang, Y.-C. (2019). *Revisiting the effects of project-based learning on students' academic achievement: A meta-analysis investigating moderators*. (E. Ltd, Hrsg.). Educational Research Review, 26, 71–81. https://doi.org/10.1016/j.edurev.2018.11.001
Cohn, M. (2006, Oktober 20). *Agile estimating and planning*. Pearson.
Dewey, J. (1935). *Der Projekt-Plan: Grundlegung und Praxis*. Boehlau.
Edelmann, W., & Wittmann, S. (2019). *Lernpsychologie* (8. Aufl.). Beltz.
Gerstbach, I. (2021). *Kultur und Innovation durch Raumkonzepte – Raum für kreatives Denken und agiles Arbeiten im Unternehmen*. Carl Hanser.
Gordillo, A., López-Fernández, D., & Mayor, J. (2024, Januar). Examining and comparing the effectiveness of virtual reality. *Applied Sciences, 14*. https://doi.org/10.3390/app14020830
Hansen, H. R., Mendling, J., & Neumann, G. (2019). *Wirtschaftsinformatik: Grundlagen und Anwendungen* (12. völlig neu bearb. Aufl.). De Gruyter.
Jeffries, R. (2001, August 30). *Essential XP: Card, Conversation, Confirmation*. https://ronjeffries.com/xprog/articles/expcardconversationconfirmation/. Zugegriffen am 24.07.2024.
Kooijman, S. (o.J.). *User story mapping: Ein Leitfaden für transparente Product Backlogs*. (A. S. Group, Hrsg). https://agilescrumgroup.de/user-story-mapping/. Zugegriffen am 17.06.2024.
Krivitsky, A. (2023). *lego4scrum*. Leanpub.

Lego. Großes Kreativ-Bauset, Artikelnr. 11030. (o. J.-a). https://www.lego.com/de-lu/product/lots-of-bricks-11030. Zugegriffen am 11.06.2024.

Lego. Identity and Landscape Set, Artikelnr. 2000430. (o. J.-b). https://www.lego.com/de-de/product/identity-and-landscape-kit-2000430. Zugegriffen am 11.06.2024.

Lehmann, C. (2022, Juni 17). *Workshop zum Thema LEGO® Serious Play®*. Hochschule Düsseldorf. https://wiwi.hs-duesseldorf.de/aktuelles/meldungen/20220617_workshop_lego_lehmann. Zugegriffen am 10.06.2024.

Patton, J. (2015). *User story mapping.* O'Reilly.

Pfäffli, B. (2015). *Lehren an Hochschulen – Eine Hochschuldidaktik für den Aufbau von Wissen und Kompetenzen* (2. Aufl.). Haupt.

Rubin, K. S. (2014). *Essential Scrum, Umfassendes Scrum-Wissen aus der Praxis.* mitp.

Rummler, M. (2012). *Innovative Lehrformen: Projektarbeit in der Hochschule.* Beltz.

Schwaber, K., & Sutherland, J. (2020). *Scrum guide.* https://scrumguides.org. Zugegriffen am 13.10.2024.

Seidl, T. (2018). Gelungene (agile) Kommunikation mit Lego® Serious Play®. In *Agile Verwaltung* (S. 151–160). Springer Gabler.

Seidl, T. (o. J.). *Lego® in Higher Education.* Lego® in Higher Education. https://legoinhe.de/. Zugegriffen am 10.06.2024.

Stang, R. (2017). *Analoger Körper im digitalen Raum – Lernen im Zeichen einer ambivalenten Kontextualisierung.* In F. Thissen (Hrsg.), *Lernen in virtuellen Räumen* (S. 28–38). De Gruyter Saur.

Steghöfer, J.-P., Burden, H., Alahyari, H., & Haneberg, D. (2017). *No silver brick: Opportunities and limitations of teaching scrum with Lego workshops.* University of Gothenburg, Department of Computer Science and Engineering. https://doi.org/10.1016/j.jss.2017.06.019

Sutherland, J. (2019). *Das Scrum-Praxisbuch.* Campus.

Unterauer, M. (2019). *Workshops im Requirements Engineering: Methoden, Checklisten und Best Practices für die Ermittlung von Anforderungen* (2. Aufl.). dpunkt.verlag.

Wiechmann, R., & Röpstorff, S. (2022). *Scrum in der Praxis, Erfahrungen, Problemfelder und Erfolgsfaktoren* (3. Aufl.). dpunkt.verlag.

Wintersteiger, A. (2015). *Scrum – Schnelleinstieg.* entwickler.press.

Zahraoui, H., & Idrissi, M. A. (2015, Oktober). *Adjusting story points calculation in scrum effort & time estimation.* (IEEE, Hrsg.). https://doi.org/10.1109/SITA.2015.7358400

3

Ablauf und Durchführung des Scrum-Workshops

Zusammenfassung Das Format zur Durchführung des Anwendungsworkshops ist bewusst kompakt gewählt. Umso wichtiger ist es, eine konkrete Ablaufstruktur vorzubereiten. Der nachfolgend dargestellte Überblick bietet zusammen mit dem jeweils angegebenen Zeitbedarf eine Orientierung, damit drei Iterationsschleifen für die Erstellung des geplanten Releases während eines eintägigen Workshops durchgeführt werden können. Schritt für Schritt wird der im Kap. 2 vorbereitete Tool- und Methodeneinsatz nachfolgend entlang des zeitlichen Ablaufs detailliert beschrieben. Dabei werden die Ergebnisse der einzelnen Etappen dargestellt und die stufenweise Entwicklung der eingesetzten Boards beschrieben. Abschließend gibt es noch einige Hinweise zu der in Kap. 2 bereits thematisierten Erstellung eines Product Backlogs im Rahmen einer optionalen Workshop-Sequenz.

3.1 Ablaufstruktur für den Workshop im Überblick

Werfen wir in Abb. 3.1 zunächst noch einmal einen Blick auf die einzelnen Schritte des iterativen Prozesses, bei dem im Rahmen mehrerer Sprints ein Mehrwert für den Nutzer durch die Erstellung von Inkrementen entsteht. In dieser Abbildung sind im Vergleich zu der in Abschn. 1.6 bereits verwendeten Darstellung zwei workshopspezifische Aspekte vorangestellt. Bevor der Arbeitsprozess beginnen kann, sollen schließlich die konzeptionellen Grundlagen sowie die Besetzung der Scrum-Rollen für die Arbeit im Workshop kurz besprochen werden. Die einzelnen Schritte dieses Ablaufs, die im Workshops nach und nach thematisiert werden, sind dabei numerisch gekennzeichnet.

Jeder Schritt wird in der nachfolgenden Ablaufstruktur als separater Themenblock dargestellt. Den angegebenen zeitlichen Bedarf sollte der Workshop-Leiter einplanen, damit am Ende die Etappenziele erreicht und während des Workshops in drei Iterationsschleifen gearbeitet werden kann.[1]

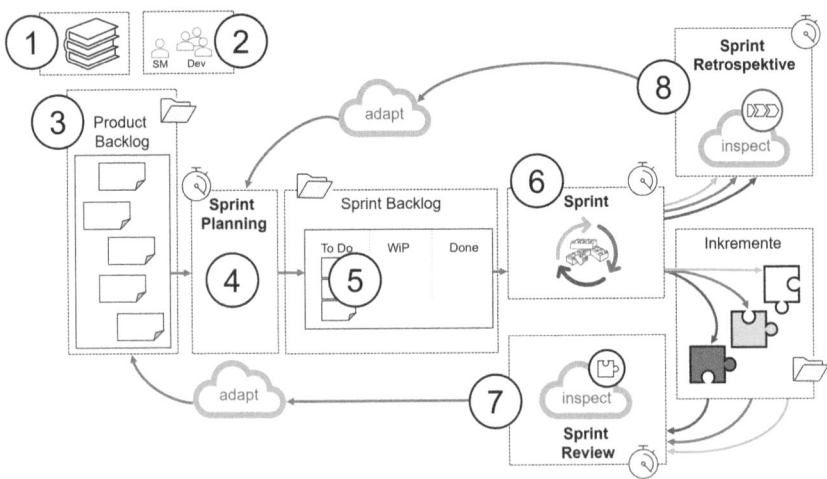

Abb. 3.1 Ablaufprozess im Workshop. (Eigene Darstellung)

---

[1] Es sei darauf verwiesen, dass Krivitsky (2023, S. 58–59) und Steghöfer et al. (2017, S. 5–6) einen ähnlichen zeitlichen Ablauf empfehlen.

3 Ablauf und Durchführung des Scrum-Workshops

1	**Konzeptionelle Grundlagen wiederholen**	25 min
	Themeneinordnung: plangetrieben ↔ wertgetrieben	
	Agiler Eisberg (Framework, Prinzipien, Werte, Tools)	
	Die Rollen im Scrum Team	
2	**Das Scrum Team im Workshop**	20 min
	Was machen die Developer?	
	Was macht der Scrum Master?	
3	**Das Product Backlog**	45 min
	User Stories erzählen	
	Gemeinsames Verständnis entwickeln	
4	**Sprint Planning**	45 min
	Schätzung mit Hilfe von Story Points	
	Items verfeinern/Details hinzufügen	
	Story Points übertragen	
5	**Das Sprint Backlog**	5 min
	Vorbereiten des 1. Sprints	
6	**Inkremente erstellen**	15 min
	Durchführung der ersten Iteration	
7	**Sprint Review**	30 min
	Inspect	
	Adapt	
8	**Sprint Retrospektive**	30 min
	Inspect	
	Adapt	
	2. Iteration	70 min
	Refinement	
	Sprint Backlog	
	Inkrement erstellen	
	Sprint Review	
	Sprint Retrospektive	
	3. Iteration	60 min
	Refinement bis Sprint Retrospektive	
	Workshop-Reflexion	45 min
	Die eigene Lernerfahrung beurteilen	

Anders als in realen Projekten, in denen die stetige Zunahme an Erfahrungswissen in mehreren Iterationsschleifen dafür sorgt, dass die Menge an erledigter Arbeit gesteigert werden kann, wird der Zuwachs an Erfahrung im Workshop dazu genutzt, die Iterationszyklen im Workshopverlauf zu verkürzen. Dadurch ergibt sich für die 2. und 3. Iteration ein geringerer Zeitbedarf.

3.2 Schritt für Schritt durch den Workshop

Der dargestellte chronologische Überblick zur Ablauforganisation des Workshops bietet zwar Orientierung, liefert aber nur wenig hilfreiche Details bezogen auf die Durchführung der einzelnen Etappen und die konkrete Verwendung der eingesetzten Tools. Deshalb erläutern die nachfolgenden Ausführungen Schritt für Schritt, was dabei für denjenigen zu beachten ist, der den Workshop durchführt und was die Lernende jeweils inhaltlich erwartet. Beim Lesen können dabei auch einzelne Themen übersprungen werden, wenn projekterfahrene Workshop-Leiter ohnehin einen klare Vorstellung davon haben, welche Lernziele erreicht werden sollen oder wie die vorbereiteten Tools zum Einsatz kommen können.

3.2.1 Schritt 1: Konzeptionelle Grundlagen wiederholen

Die theoretischen Grundlagen noch einmal für alle Teilnehmer aufzufrischen und zusammenzufassen, ist sicherlich sinnvoll, wenn bei der anschließenden Projektarbeit auf die Kernelemente von Scrum zurückgegriffen werden soll.

> » Das Wichtigste zu agiler Projektarbeit sollte zu Beginn des Workshops allen Teilnehmern klar sein, damit aus Faktenwissen Handlungskompetenz entstehen kann.

Aus den in Kap. 1 dargestellten Inhalten eignen sich sicherlich unterschiedliche Themen, um im Rahmen einer solchen Wiederholung punktuell herausgestellt zu werden. Meiner Erfahrung nach ist es besonders wichtig, die Rahmenbedingungen plangetriebener Projekte von einem wertgetriebenen Ansatz anhand des Magischen Dreiecks abzugrenzen und das wesentliche Unterscheidungsmerkmal des festvereinbarten oder abgeleiteten Liefergegenstands noch einmal in den Vordergrund zu stellen. Ist auf Flipchart-Papier ein entsprechendes Plakat (wie in Abb. 3.2 gezeigt) vorbereitet, kann im Rahmen eines kurzen Zuordnungsspiels von jedem Teil-

3 Ablauf und Durchführung des Scrum-Workshops

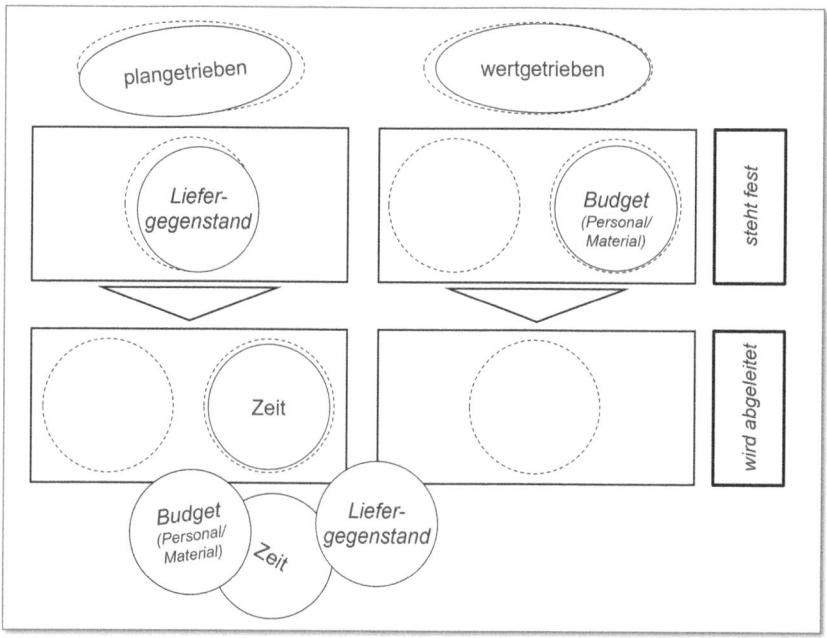

Abb. 3.2 Wiederholung der konzeptionellen Grundlagen anhand vorbereiteter Plakate. (Eigene Darstellung)

nehmer jeweils eine passende Karte auf den markierten Stellen angebracht werden. Die Aufforderung an die Teilnehmer ihre Wahl zu begründen, funktioniert dann gut, wenn sich alle untereinander bereits kennen und diese Form der Interaktion gewohnt sind. Konnten sich die Beteiligten bisher noch nicht besser kennenlernen (in der Regel findet ja nur eine kurze Vorstellungsrunde zu Beginn des Workshops statt), eignet sich diese in klassischen Seminaren zur reinen Wissensvermittlung vielleicht ungewohnte Einladung zum Interagieren besonders gut als „Eisbrecher". Dadurch wird die Einbindung aller Beteiligten und die aktive Mitarbeit der Teilnehmer direkt zu Beginn des Workshops gefördert und eingefordert.

Auf ähnliche Weise lassen sich anhand der im Abschn. 2.3.6 dargestellten Plakate die Grundlagen zum Framework Scrum herausarbeiten. Mit Hilfe des Eisbergmodells kann die Gewichtung der Werte und Prinzipien ins Gedächtnis gerufen werden. Ein wertschätzendes Miteinander, das für agile Frameworks so elementar ist, kann bereits in dieser kurzen Auffrischung eingeübt werden, wenn der Workshop-Leiter darauf achtet, dass nicht nur die selbstbewussten Teilnehmer zu Wort kommen, sondern auch zögerliche, leise Wortmeldungen gehört und unterschiedliche Interpretationen im Rahmen dieser kurzen Wiederholung vorgebracht werden können.

Eine Auffrischung des Rollenverständnisses in Scrum bildet dann die passende Überleitung zur nächsten Etappe des Workshops.

Falls die Teilnehmer bisher noch nicht die Gelegenheit hatten, sich besser kennenzulernen, da sie eventuell aus unterschiedlichen Unternehmen oder organisatorischen Einheiten erstmals zusammenkommen, empfiehlt sich spätestens jetzt eine Vorstellungsrunde, in der alle kurz ihre Teilnahmemotivation, ihre Fähigkeiten und bisherigen Erfahrungen im Projektkontext darstellen.

> **Etappenziel**
> - Die konzeptionellen Grundlagen sind aufgefrischt,
> - Details aus dem Scrum Framework wieder in Erinnerung gebracht und
> - die Teilnehmer haben sich kennengelernt.

3.2.2 Schritt 2: Das Scrum Team im Workshop

Die Rolle der Developer, des Product Owners und des Scrum Masters sind nun allen Teilnehmern wieder präsent. Im zweiten Schritt sollte nun auf die Besonderheiten hingewiesen werden, die im Rahmen des Workshops gelten:

- Die Rolle des Product Owners wird nicht vergeben. Seine Aufgaben übernimmt derjenige, der den Workshop leitet.
- Für die Developer geht es nicht in erster Linie um das Spielen mit Lego®-Steinen. Haben die Teilnehmer den Workshop-Raum betreten und den Tisch voller Bausteine gesehen, warten eigentlich alle darauf, dass das Spiel beginnt. Spätestens jetzt muss klargestellt werden, dass die Bausteine nur Mittel zum Zweck sind. Die Verwendung von Lego® bietet lediglich die Grundlage zur Reflexion des eigenen Arbeitsprozesses und dient dazu, die kontinuierliche Überprüfung und Anpassung (Inspect and Adapt) an einem konkreten Inkrement zu erleben.

- Der Scrum Master ist nicht an der Erstellung der Inkremente beteiligt (baut also nicht mit Lego®-Steinen). Vielmehr unterstützt er die Developer bestmöglich in ihrer Arbeit und sorgt für optimale Arbeitsbedingungen. Er ist dafür verantwortlich, dass die Developer schnell und effizient arbeiten können. Er räumt alle Hindernisse aus dem Weg und achtet auf das Time-Boxing, also darauf, dass sämtliche Zeitlimits eingehalten werden. Falls er feststellt, dass Developer bei der Erstellung der Inkremente abgelenkt werden, beseitigt er Beeinträchtigungen. Wählen sie eine sehr komplexe Umsetzungsvariante, verweist er auf den Lean-Thinking-Ansatz (ohne in die Umsetzung einzugreifen, versteht sich). Er beobachtet das Team und coacht bei Bedarf, damit das Framework seinen vollen Nutzen entfalten kann.

Die Herausforderung besteht darin, jemanden zu finden, der die Rolle des Scrum Masters übernehmen kann und will. Eventuell gibt es unter den Teilnehmern bereits jemanden, der sich mit dieser Rolle im Rahmen der Vorbereitung intensiver befasst hat und entsprechende Erfahrungen in der Anwendung des Frameworks sammeln möchte. Bei Bedarf kann der Workshop-Leiter die wesentlichen Aspekte dieser Rolle noch einmal herausstellen, in die Aufgaben eines Scrum Masters einweisen und somit für die Übernahme dieser verantwortungsvollen Rollen werben.

Von einer Rotation der Rollen im Verlauf des Workshops für die zweite bzw. dritten Iteration ist indes abzuraten. Dadurch würde Erfahrungswissen aus einem Sprint, das maßgeblich für die Effizienzsteigerung in weiteren Sprints sorgt, verloren gehen. Dann fehlt auch die wertvolle Lernerfahrung, dass die kontinuierliche Weiterentwicklung des Aufgabenverständnisses sowie ein besseres Verständnis in Bezug auf die eigenen Arbeitsabläufe zur Beschleunigung beiträgt.

Ist die Rollenzuweisung geklärt, eignen sich entsprechende Schilder (zum Anheften am Revers), damit gerade zu Beginn der Projektarbeit auf den ersten Blick erkennbar ist, wer in welcher Rolle agiert.

> **Etappenziel**
> - Die Rolle des Scrum Masters ist besetzt,
> - die Developer verstehen, dass die Lego®-Steine nicht im Vordergrund stehen und
> - alle Teilnehmer kennen ihre Aufgaben und die damit verbundene Verantwortung.

3.2.3 Schritt 3: Das Product Backlog – ein gemeinsames Verständnis entwickeln

Nun beginnt der iterative und inkrementelle Prozess, in dem das Scrum Team Nutzen schafft. Aufgabe des Product Owner ist es in diesem Schritt, anhand des vorbereiteten Product Backlogs die Vision und den durch die Projektarbeit angestrebten Mehrwert darzustellen. Dabei nutzt er die vorbereiteten Story Cards (vgl. Abschn. 2.3.2), um zu verdeutlichen, welcher Nutzen durch die Umsetzung der unterschiedlichen Items gestiftet werden soll. Wer sind die am Projekt beteiligten Stakeholder, wer wird das Projektergebnis später nutzen? Durch die User Stories wächst das Verständnis für die Aufgabe und in der gemeinsamen Diskussion einigt sich das Scrum Team darauf, wann der Nutzen, den das spezifische Item beitragen soll, erreicht ist. Welche Eigenschaften muss das erstellte Inkrement aufweisen, damit die Aufgabe als erfüllt angesehen werden kann? Welche Akzeptanzkriterien gelten und wie lassen sich die gewünschten Eigenschaften überprüfen? Spätestens an dieser Stelle des Workshops sollten die Teilnehmer erkennen, dass der Ansatz „Cards → Conversation → Commitment" (Jeffries, 2001) ein hilfreiches Instrument darstellt, um zu verstehen, welche Zielsetzung mit dem Projekt verbunden ist.

So werden im gemeinsamen Gespräch die Story Cards durch entsprechende Akzeptanzkriterien ergänzt, die präzisieren, wann das dazugehörige Item als abgeschlossen angesehen werden darf (Definition of Done). Diese Bedingungen eignen sich im Rahmen der später folgenden Sprint Reviews, um den entwickelten Nutzen zu testen (Rubin, 2014, S. 121–122). Beispielhaft ist eine solche Ergänzung für eine Story Card in Abb. 3.3 dargestellt.

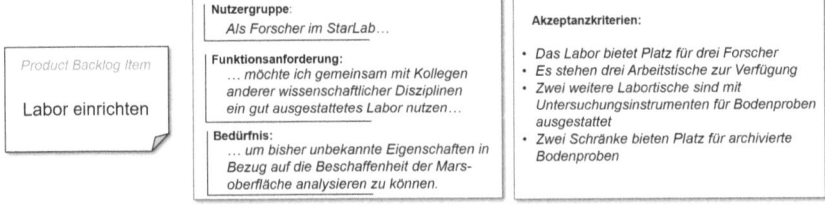

Abb. 3.3 Akzeptanzkriterien auf Story Cards. (Eigene Darstellung)

Entsteht in der Diskussion zwischen Product Owner und Developern der Eindruck, dass ein Item aus dem Product Backlog zu mächtig ist, um innerhalb eines einzelnen Sprints bearbeitet zu werden, kann es vom Product Owner in kleinere Items zerlegt und das Product Backlog entsprechend angepasst werden.

> **Etappenziel**
> - Zu allen im Product Backlog enthaltenen Items gibt es ein gemeinsames Verständnis darüber, welchen Mehrwert sie stiften sollen,
> - die Priorisierung ist für alle Mitglieder des Scrum Teams transparent,
> - einzelne Items wurden bei Bedarf in kleinteiligere Items zerlegt, damit sie innerhalb eines Sprints realisiert werden können und
> - für alle Items konnte in Bezug auf die geforderten Eigenschaften eine Einigung erzielt sowie die entsprechenden Akzeptanzkriterien auf den Story Cards notiert werden (Definition of Done).

3.2.4 Schritt 4: Schätzung mit Story Points im Rahmen des Sprint Plannings

Um die notwendige Grundlage für das Sprint Planning zu schaffen, bewerten die Developer im vierten Schritt den Umsetzungsaufwands anhand von Story Points. Je nach Komplexität der formulierten Anforderung eines Items werden bei der Umsetzung im Sprint mehr Materialressourcen benötigt, dauert die Realisierung länger oder wächst der Koordinationsaufwand zwischen den Developern. Um von der Komplexität einzelner Aufgaben nicht überrascht zu werden, um Aufgaben nicht zu unterschätzen oder sich beim Sprint Planning zu übernehmen, ist es hilfreich, den Komplexitätsgrad der unterschiedlichen Aufgaben gemeinsam einzuschätzen und sie mit einem entsprechenden Wert zu versehen. Die bereits in Abschn. 2.3.4 dargestellte Methode zur Bewertung mit Hilfe von Story Points auf Basis der Fibonacci-Folge kommt nun zum Einsatz, um die Product Backlog Items auf dem vorbereiteten Board einem Zahlenwert zur Beschreibung des relativen Aufwands zuzuordnen.

> **Hinweis für den Workshop-Leiter**
> Fotografieren Sie unbedingt das Product Backlog vor der Schätzung, damit die bewerteten Items anschließend wieder den entsprechenden Prioritäten auf dem Product Backlog-Board zugewiesen werden können!

Ausgehend vom Referenzwert einer Aufgabe (zum Beispiel „5") beurteilen die Developer in einer gemeinsamen Diskussion, ob eine weitere Aufgabe, hinsichtlich des zu erwartenden Materialverbrauchs, der Realisierungsdauer und des geplanten Koordinationsaufwands höher oder niedriger als die Referenzaufgabe einzuschätzen ist. Eventuell ergeben sich dabei im Gespräch weitere Detaillierungsbedarfe oder die Notwendigkeit einer feineren Unterteilung der Aufgabe in mehrere Teilaufgaben, die anschließend bewertet werden können. Womöglich müssen auch weitere Items ergänzt und ins Product Backlog aufgenommen werden, weil sich ein Zusatznutzen erst in der Diskussion mit dem Product Owner ergeben hat. Am Ende dieses Verfeinerungsprozesses sollten sämtliche Items, die bis zu diesem Zeitpunkt identifiziert werden konnten, mit entsprechenden Story Points (wie in Abb. 3.4 dargestellt) bewertet sein.

Der Scrum Master beobachtet den Prozess, behält die Zeit im Blick, erläutert bei Bedarf noch einmal die Methode und passt gegebenenfalls Rahmenbedingungen an.

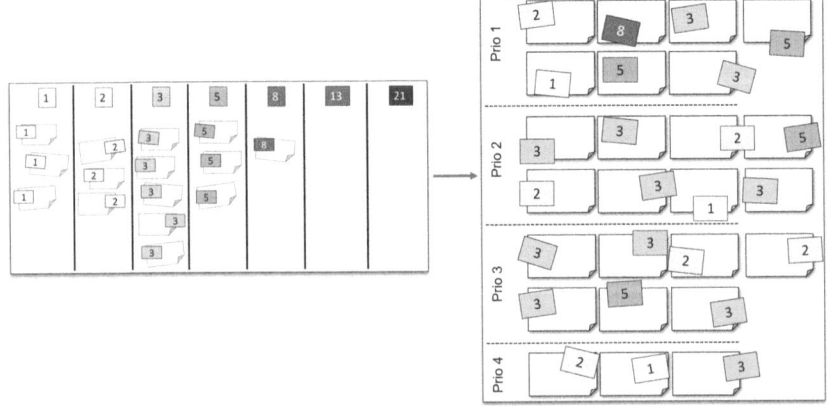

Abb. 3.4 Vom Story Point-Board zum verfeinerten Product Backlog. (Eigene Darstellung)

> **Etappenziel**
>
> - Sämtlichen Backlog Items (Post-its) sind auf dem Story Point Board einer Wertspalte zugeordnet,
> - der entsprechende Zahlenwert ist durch eine farbliche Markierung auf den Post-its vermerkt und
> - alle Backlog-Items, die im ersten Release bearbeitet werden sollen, sind hinreichend geklärt, mit einer relativen Aufwandsschätzung sowie eindeutigen Akzeptanzkriterien versehen und somit bearbeitungsreif (Definition of Ready).

3.2.5 Schritt 5: Vorbereiten des Sprints

Zur Vorbereitung ihres Sprints wählen die Developer gemäß der vom Product Owner vorgegebenen Priorisierung aus dem Product Backlog diejenigen Items aus, deren Realisierung sie sich innerhalb eines 15-minütigen Sprints zutrauen. In der ersten Iteration sind die Developer vielleicht noch ein wenig zurückhaltend hinsichtlich der Item-Auswahl. Es fehlen Erfahrungswerte im Umgang mit dem Material und der Umsetzungsgeschwindigkeit. Bereits im zweiten Sprint haben die Developer entsprechendes Erfahrungswissen gesammelt und haben eine gewisse Routine im Umgang mit dem Material entwickelt. Abläufe und die gemeinsame Zusammenarbeit haben sich eingespielt.

Zu Beginn dieses Arbeitsschritts, übertragen die Developer ihre für den ersten Sprint ausgewählten Backlog-Items (Post-its) auf das vorbereitete Kanban-Board. Dabei befinden sich am Anfang alle Post-its in der Spalte „To Do".

> **Etappenziel**
>
> Auf dem Kanban-Board sind in der Spalte „To-Do" alle Items für den ersten Sprint zugeordnet. Dabei haben die Developer der Priorität des Product Backlogs folgend nur die Items ausgewählt, deren Fertigstellung sie sich in der bevorstehenden Iteration zutrauen.

3.2.6 Schritt 6: Sprint

》Jetzt wird gebaut!

Im Sprint haben die Developer fünfzehn Minuten Zeit, um mithilfe von Lego®-Bausteinen ihre Items umzusetzen und damit für das Projekt „Star-Lab" einen funktionsfähigen Mehrwert zu schaffen. Die größte Herausforderung liegt dabei wohl darin, die auf den User Story Cards formulierten Akzeptanzkriterien in den Konstruktionen entsprechend zu realisieren.

Der Scrum Master ist während der Bauzeit unter anderem damit befasst, die Developer an die Pflege des Kanban-Boards zu erinnern (damit jederzeit für alle Beteiligten transparent ist, welche Items in Bearbeitung bzw. abgeschlossen sind), die verbleibende Zeit im Auge zu behalten und die Developer auf das nahende Ende der Bauphase hinzuweisen. Außerdem kümmert er sich um Anforderungen der Developer, um eine Verbesserung der Arbeitsbedingungen während des Sprints zu erreichen. Er erinnert daran, dass der Mehrwert anhand der vereinbarten Kriterien im Anschluss bewertet wird. Dass ein Scrum Master – anders als ein klassischer Projektleiter – eben nicht ergebnisverantwortlich ist und in der Projektarbeit keine Führungsfunktion übernimmt, sondern für bestmögliche Arbeits- und Rahmenbedingungen sorgt, während die Developer die Verantwortung für das Erreichen des Sprintziels tragen, sollte spätestens jetzt allen Workshop-Teilnehmern klar werden.

> **Etappenziel**
> Die ersten Inkremente sind fertiggestellt und können getestet werden.

3.2.7 Schritt 7: Sprint Review

Der Sprint Review beginnt mit der Frage „Besitzt das erstellte Inkrement die vereinbarten Eigenschaften?". Dabei ist es wichtig, dass die Sprint-Ergebnisse nicht nur von den Developern präsentiert und erläutert werden, sondern beim „Inspect" auch entsprechende Tests sowie eine Überprüfung hinsichtlich der Akzeptanzkriterien stattfindet. Finden sich im Labor die gewünschten Arbeitsplätze und ist Platz für die spezifizierte Anzahl an Forschern, die das Labor nutzen sollen? Finden sich die geforderten Labortische und sind diese mit entsprechendem Equipment ausgestattet? Stehen die Schränke zur Archivierung der Bodenproben wie gewünscht zur Verfügung? Spätestens jetzt wird die in den konzeptionellen Grundlagen (vgl. Abschn. 1.6.5) dargestellte Notwendigkeit einer Definition of Done für die Workshop-Teilnehmer nachvollziehbar.

Stellt sich heraus, dass geforderte Eigenschaften noch fehlen, wird der notwendige Anpassungsprozess für eine Überarbeitung des bisherigen Projektergebnisses initiiert. Durch ihre Arbeit haben die Developer ein besseres Verständnis für die Aufgabe entwickelt und entsprechende Diskussionen mit dem Product Owner geführt. Die neuen Erkenntnisse fließen nach Abschluss des Sprints in eine Anpassung des Product Backlogs ein, die in der Verantwortung des Product Owner liegt.

Als Gesprächsleitfaden für den Sprint Review dienen die vorbereiteten Fragen, die auf einem entsprechenden Flipchart dem Scrum Team zur Verfügung stehen (vgl. Abschn. 2.3.6).

> **Etappenziel**
> - Sprint-Ergebnisse werden in Bezug auf die Akzeptanzkriterien getestet, nicht präsentiert und
> - die Tests zeigen, ob und in welcher Form Anpassungen für künftige Sprints notwendig sind.

3.2.8 Schritt 8: Sprint Retrospektive

Sind die Inkremente überprüft, schließt sich das „Inspect" des Erstellungsprozesses im Rahmen der Sprint Retrospektive an. Dabei sollen die Teilnehmer die Organisation ihrer Arbeitsabläufe sowie die Form der Zusammenarbeit genauer unter die Lupe nehmen. „Was hat gut funktioniert?" und „Wie können wir den Prozess so gestalten, dass am Ende des Sprints Inkremente mit der vereinbarten Qualität bereitgestellt werden können?" sind die drängenden Fragen, die beantwortet werden müssen.

Ein kritisches Hinterfragen des eigenen Verhaltens und eine Analyse der Rahmenbedingungen stehen im Mittelpunkt der Reflexion. „Wie lief die Kommunikation im Team?", „Was hat unsere Zusammenarbeit gestört?" und „Wo müssen wir mehr oder auf andere Weise kommunizieren?" sind Punkte, die für kommende Sprints geklärt werden müssen. Auf dem dafür bereitgestellten Flipchart notieren die Teilnehmer auf farblich passenden Post-its, was sie im zurückliegenden Sprint vermisst haben und im nächsten Sprint anders machen wollen („Start"), welche Dinge im Bearbeitungsprozess hilfreich waren und unbedingt beibehalten werden müssen („Continue"), und welche Fehler sie im nächsten Durchlauf dringend vermeiden wollen („Stop"). Indem sie die einzelnen Punkte besprechen und sich darauf verständigen, wie die Zusammenarbeit künftig ablaufen soll, wird die Organisation des Erstellungsprozesses verbessert.

> **Etappenziel**
> - Die Überprüfung der eigene Arbeitsweise und der gemeinsamen Zusammenarbeit hat stattgefunden,
> - entsprechende Ergebnisse der Retrospektive wurden auf dem bereitgestellten Board festgehalten und
> - mögliche Prozessanpassungen sind konkret benannt, diskutiert und einvernehmlich beschlossen worden.

Nach Abschluss des ersten Sprints und einer Überarbeitung des Product Backlogs durch den Product Owner schließt sich die zweite Iterationsschleife, gefolgt von einer dritten an. Die Teilnehmer werden dabei feststellen, dass mit jeder Iterationsschleife das Erfahrungswissen wächst, dass sie die Prozessabläufe besser beherrschen, die Arbeit effizienter organisiert wird und der Leistungsgegenstand mit einem wachsenden Verständnis der konkreter werdenden Anforderungen stetig an Mehrwert gewinnt.

3.2.9 Workshop-Reflexion

Zum Abschluss des eintägigen Workshops lohnt ein Blick auf das Erreichte. Nur die Teilnehmer selbst können beurteilen, ob sie durch ihren individuellen Lernprozess ihr Fakten -und Prozesswissen zu Scrum im

Rahmen des Workshops in konkretes Handlungswissen umsetzen konnten. Sind sie davon überzeugt, dass sie die im Workshop eingesetzten Tools und Methoden in Zukunft für die agile Projektarbeit richtig einsetzen können? Haben sie ein Bewusstsein dafür entwickelt, welche Rolle die Werte und Prinzipien im Framework spielen? Fragen wie diese sollten die Teilnehmer im Rahmen einer kurzen Workshop-Reflexion beantworten, um den Mehrwert des durchgeführten Workshops für sich selbst zu beurteilen. Im besten Fall liefert der Workshop einen ersten Impuls, um bisherige Vorgehensweisen zu hinterfragen, die eigene Arbeitseinstellung zu überdenken und den Wert eines agilen Mindsets zu erkennen. Letzten Endes stellt die Teilnahme an diesem Workshop-Format nur die erste Etappe einer kontinuierlichen und spannenden Lernreise dar – oder wie Meister Yoda sagen würde:

> „Viel zu lernen Du noch hast."

Auch Workshop-Leiter lernen hoffentlich bei der Durchführung vergleichbarer Workshops noch dazu und profitieren von der Interaktion mit den Teilnehmern. Wie lässt sich das Workshop-Format noch verbessern, welche Schritte müssen in der Durchführung noch angepasst werden? Die Beantwortung dieser Fragen und eine anschließende Überarbeitung des eigenen Leistungsgegenstands im Sinne eines iterativen Prozesses liefern auch hier einen Mehrwert.

3.3 Optional: Workshop-Sequenz zur Product Backlog-Erstellung

Wie bereits in Abschn. 2.3.3 dargestellt, besteht die Möglichkeit, das dargestellte Workshop-Format durch eine optionale Sequenz zu erweitern, um den Teilnehmern zusätzliche Einblicke in die Aufgabenstellungen eines Product Owners zu gewähren und damit die Rollenverteilung in Scrum besser einordnen zu können. Wie in Abb. 3.5 dargestellt, ist dabei das Ziel der Workshop-Sequenz die Erstellung eines Product Backlogs,

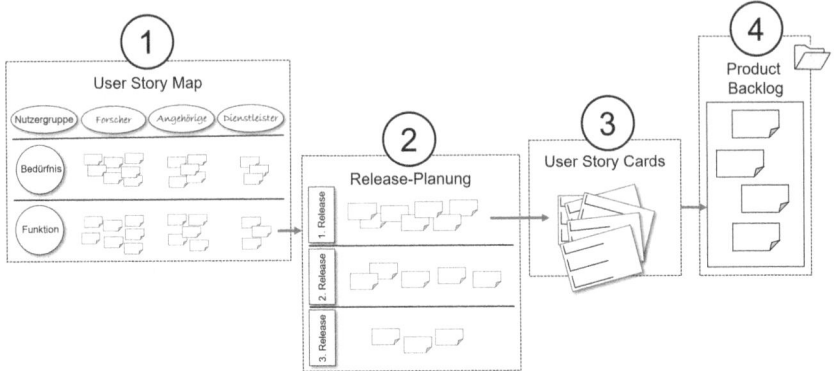

Abb. 3.5 Ablauf der optionalen Workshop-Sequenz. (Eigene Darstellung)

das aus den Anforderungen des Auftraggebers und weiterer Stakeholder abgeleitet wird.

3.3.1 Schritt 1: User Journey

Ausgangspunkt dieser Workshop-Sequenz ist die vom Auftraggeber vorgetragene Vision, die es zu realisieren gilt. Wie und anhand welcher Kriterien eine solche Vision entwickelt werden kann, ist in Abschn. 2.3.1 beschrieben. Darauf aufbauend identifizieren die Teilnehmer in diesem ersten Schritt die Nutzergruppen, die von der Umsetzung des Projekts profitieren werden. Das vorbereitete Board limitiert dabei die Anzahl der Nutzergruppen, um die weitere Arbeit zu erleichtern. Im Anschluss werden die Bedürfnisse der künftigen Nutzer diskutiert und den unterschiedlichen Nutzergruppen zugeordnet.

Zu Beginn sind dabei die Gedankensprünge der Teilnehmer in der Regel vergleichsweise groß. Zum Beispiel könnten sie bereits über das Arbeiten auf einer Forschungsstation nachdenken, bevor sie berücksichtigen, dass sich die Wissenschaftler nach ihrer Ankunft vielleicht erst einmal registrieren lassen müssen oder sich nach einem langen Transfer zum Mars ausruhen wollen. Aber erste Stolpersteine lassen sich durch gezielte Nachfragen des Auftraggebers in der Regel schnell aus dem Weg räumen. Die Bedürfnisse sollen beim Erzählen der Stories prägnant beschrieben werden, wobei die Verwendung von Verben für Klarheit sorgt, was die Nutzer tun wollen. Die Formulierungen können dann auch als Grundlage für die passende Story Card verwendet werden. Bedürfnisse, die mehrere oder alle Nutzerrollen haben, werden dabei nur einmal genannt und repräsentativ einer Gruppe zugeordnet. Nachfolgend leiten die Teilnehmer aus den genannten Bedürfnisse die Anforderungen ab, die sich daraus für die zu erstellenden Inkremente ergeben. Sie werden auf entsprechenden Post-its notiert und auf der User Story Map erfasst.

> **Etappenziel**
> - Die Nutzergruppen sind identifiziert,
> - ihre Bedürfnisse als Post-its auf der User Story Map zusammengetragen und
> - daraus abgeleitet die Anforderungen der Nutzergruppen an die Eigenschaften des Leistungsgegenstands auf dem vorbereiteten Board vermerkt.

3.3.2 Schritt 2: Release-Planung

Wie in Abschn. 2.3.3 bereits thematisiert, sind später für die Umsetzung drei Sprints geplant, die vermutlich nicht ausreichen dürften, um sämtliche auf die beschriebene Weise ermittelten Anforderungen zu realisieren. Eine Einteilung in unterschiedliche Releases ist deshalb an dieser Stelle hilfreich.

Der Product Owner, der das Ergebnis der Projektarbeit – das Produkt – den Nutzern übergeben wird, kann diesen Auslieferungsprozess in mehrere Etappen (Releases) unterteilen. Die Festlegung des Umfangs eines Releases (welche Anforderungen also frühzeitig umgesetzt und welche erst zu einem späteren Zeitpunkt ausgeliefert werden sollen), ist Aufgabe der Release-Planung (Rubin, 2014, S. 299–305).

In dieser Workshop-Sequenz werden nun also die gesammelten Anforderungen unterschiedlichen Releases in Abhängigkeit ihrer Priorisierung zugewiesen. Das erste Release soll dabei alle elementaren Ausstattungsmerkmale einer funktionstüchtigen Raumstation erfüllen, während das zweite und dritte Release nicht mehr Bestandteil der Umsetzungsphase im Workshop sein werden und dem ersten Auslieferungsumfang weitere Features für ein Leben auf dem Mars hinzufügen.

> **Etappenziel**
> Alle Anforderungen aus der User Story Map sind den unterschiedlichen Release-Zyklen zugeordnet.

Abschließend werden in dieser zusätzlichen Workshop-Sequenz für alle Anforderungen des ersten Release entsprechende Story Cards formuliert und ein erstes Product Backlog fertiggestellt (vgl. hierzu Abschn. 2.3.2: Product Backlog vorbereiten).

3.4 Ein paar Anmerkungen zum Schluss

Die Organisation und die Durchführung eines wie von mir beschriebenen Workshops ist in der Vorbereitung zeitintensiv und in der Umsetzung durchaus herausfordernd. Bis zum Schluss bleibt unklar, ob das gewählte Format wirklich funktioniert, ob die Teilnehmer entsprechende Erkenntnisse gewinnen oder ob Lego®-Steine nicht vielleicht doch nur als Spielzeug wahrgenommen werden. Meine ganz persönliche Erfahrung ist, dass sich die Arbeit lohnt. Denn für künftige Projektbeteiligte wird ein bis dahin eher abstraktes Verständnis für das Framework durch ein solches Workshop-Format greifbar. Erkennen sie durch die Arbeit im Workshop den Sinn agiler Prinzipien und lassen sie sich in ihrem Handeln durch den in Scrum verankerten Wertekompass leiten, können sie auch unter volatilen Rahmenbedingungen signifikanten Mehrwert entwickeln. Dass agile Projektarbeit ohne Planung auskommt, diesem Mythos werden Workshop-Teilnehmer, die über User Stories diskutiert haben, eine Komplexitätsschätzung und ein Sprint Planning durchgeführt haben, wohl eher nicht mehr erliegen.

Manch einer mag die akribische Vorarbeit vielleicht ein bisschen belächeln, für mich sind sie das A und O, um den Erfolg eines solchen Workshops zu ermöglichen. Der zeitliche Ablauf muss gut geplant, die einzelnen Materialien wohl überlegt ausgewählt und die eingesetzten

Methoden und Tools entsprechend vorbereitet sein. Wenn nicht klar definiert ist, welche konkreten Lernerfahrungen die Teilnehmer machen sollen, läuft es am Ende doch eher auf ein angeleitetes Spielen mit Lego®-Steinen hinaus, das keinen wirklichen Mehrwert schafft.

Neben der Vorbereitung spielt das Vertrauen in die intrinsische Motivation, die Fähigkeiten und die Kreativität der Workshop-Teilnehmer eine wichtige Rolle. Auch wenn zu Beginn in diesem ungewohnten Format womöglich eher eine Zurückhaltung zu spüren ist, so entwickelt sich mit zunehmender Routine im Laufe des Workshops die notwendige Dynamik. Ein bisschen Geduld, ein wenig Mut zum Sprung ins kalte Wasser und eine kontinuierliche Ermunterung zur Interaktion führen letztendlich zum Erfolg. In keinem Fall darf der Workshop-Leiter bei einer ersten Zurückhaltung von Seiten der Teilnehmer der Versuchung erliegen, in einen Vortragstil zu verfallen. Dann wird Erleben zu Erklären und bringt nicht den erwarteten Erkenntnisgewinn.

Die Zeit im Auge zu behalten ist ebenfalls wichtig. Selten nutze ich die Timer-Funktion meines Mobiltelefons so konsequent, wie in diesem Workshop-Format. Bleibt der dritte Sprint auf der Strecke, weil die Zeit aus dem Ruder gelaufen ist, zeigt sich auch nicht die Effizienzsteigerung, die das Teams durch kontinuierliches „Inspect and Adapt" im Framework Scrum entwickeln kann. Diese Lernerfahrung zu verlieren, wäre wirklich schade. Und der gegenseitige Respekt, der im Scrum Framework eine so wesentliche Rolle spielt, wird am besten vorgelebt, wenn der Workshop-Leiter sorgsam mit der wertvollen Zeit seiner Teilnehmer umgeht.

Zu guter Letzt darf aber natürlich in einem solchen Workshop der Spaß nicht zu kurz kommen. User Stories können sehr unterhaltsam und realisierte Inkremente aus Lego®-Steinen wirklich witzig sein. Ich wünsche also allen Beteiligten ein gutes Gelingen und vor allem sehr viel Spaß beim Lernen und dem Erkenntnisgewinn!

Literatur

Jeffries, R. (2001, August 30). *Essential XP: Card, conversation, confirmation.* https://ronjeffries.com/xprog/articles/expcardconversationconfirmation/. Zugegriffen am 24.07.2024.

Krivitsky, A. (2023). *lego4scrum*. Leanpub.

Rubin, K. S. (2014). *Essential Scrum, Umfassendes Scrum-Wissen aus der Praxis.* mitp.

Steghöfer, J.-P., Burden, H., Alahyari, H., & Haneberg, D. (2017). *No silver brick: Opportunities and limitations of teaching scrum with Lego workshops.* University of Gothenburg, Department of Computer Science and Engineering. https://doi.org/10.1016/j.jss.2017.06.019

Stichwortverzeichnis

A

Ablaufplan 17
Agiles Framework 24, 29
Agiles Manifest 24, 26
Akzeptanzkriterien 98, 103
Artefakt 30, 41, 43, 84

B

Budget 17

C

Commitment 33, 42, 98

D

Definition of Done 42, 98, 103
Definition of Ready 101
Developer 39, 54, 77, 96

E

Eigenverantwortung 22
Eisbergmodell 28, 33, 82, 95
Empirie 31
Erfahrungswissen 8, 26, 31, 42, 52, 63, 80, 97
Event 30, 41, 43, 84

F

Fibonacci-Folge 77, 81, 99
Fokus 33, 43, 52

G

Grundgedanken in Scrum 30
Grundwerte des Agilen Manifests 24

Stichwortverzeichnis

I

Inkrement 10, 31, 37, 39, 67, 98, 102, 107
Inkrementelle Vorgehensweise 10, 14, 41
Item 42, 67, 77, 98, 101
Iterationsschleife 9, 20, 27, 37, 39, 43, 52, 74, 91, 104
Iterative Vorgehensweise 7, 14, 22, 41

K

Kanban-Board 80, 81, 101
Komplexitätsschätzung 76, 81
Kostenplanung 17
Kundennutzen 25, 67

L

Lastenheft 17, 62
Lean Thinking 31
Lego 58, 60, 96
Leistungsumfang 19
Liefergegenstand 16, 64, 94

M

Magisches Dreieck 15, 94
Mehrwert 30, 66, 98
Meilensteinplanung 17
Methoden 3, 49, 63, 81, 91, 105
Mut 34

N

Nutzer 43, 64, 67, 68, 72, 98

O

Offenheit 34

P

Pflichtenheft 17, 63
Plangetriebene Projekte 15, 16, 20, 27, 32, 94
Planning Poker 79
Product Backlog 39, 41, 63, 66, 72, 91, 98, 100, 103, 105
Product Owner 39, 54, 64, 65, 72, 96, 103, 105
Projektauftrag 18
Projektdefinition 18
Projektifizierung 14
Projektmanager 18, 23, 44
Projektorientiertes Lernen 50
Projektplanung 18
Projektrisiko 18
Projektumfang 17
Prototyp 9, 12
Prozessmodell 13

R

Reflexion 35, 43, 52, 58, 82, 85, 96, 104, 105
Release 74, 76, 91, 107
Respekt 34, 109
Rollen 30, 39, 82, 92

S

Scrum Master 40, 54
Scrum-Werte 32

Stichwortverzeichnis

Sequenzielle Vorgehensweise 4, 14, 23
Spiralmodell 9
Sprint 42, 84, 92, 102
Sprint Backlog 42, 80
Sprint Planning 42, 76, 80, 99
Sprint Retrospektive 38, 43, 61, 84, 103
Sprint Review 37, 43, 84, 102
Stacey Matrix 21
Stakeholderanalyse 18
Story Cards 69, 81, 98, 102
Story Points 77, 81, 99

T
Terminplanung 17
Tools 27, 63, 81

U
User Journey 73, 106
User Story 67, 69, 81, 98
User Story Map 73, 76

V
Value Driven Approach 20
Vision 19, 21, 25, 39, 64, 73, 98, 106
V-Modell 12, 23
Volatil 22, 25, 64

W
Wasserfallmodell 5, 13
Wertgetriebene Projekte 15, 19, 20, 23, 66
Wertschöpfungsbeitrag 39

The manufacturer's authorised representative in the EU is Springer Nature Customer Service Centre GmbH, Europaplatz 3, 69115 Heidelberg, Germany. If you have any concerns regarding our products, please contact ProductSafety@springernature.com

Printed and bound by CPI Group (UK) Ltd, Croydon, CR0 4YY

28/04/2026

02098538-0010